AF093864

www.ingramcontent.com/pod-product-compliance
Lightning Source LLC
LaVergne TN
LVHW010607070526
838199LV00063BA/5103
9789358720839

موم کا محل

شہد کی مکھّی کی کہانی
بڑی عمر کے بچّوں کے لیے

ڈاکٹر محمد انس
پروفیسر آف جیوگرفی
شعبۂ جغرافیہ۔ علی گڑھ مسلم یونیورسٹی

© Taemeer Publications LLC

Mom ka Mahal *(Kids stories)*
by: Dr. Mohammad Anas
Edition: September '2023
Publisher & Printer:
Taemeer Publications LLC (Michigan, USA / Hyderabad, India)

ISBN 978-93-5872-083-9

مصنف یا ناشر کی پیشگی اجازت کے بغیر اس کتاب کا کوئی بھی حصہ کسی بھی شکل میں بشمول ویب سائٹ پر اَپ لوڈنگ کے لیے استعمال نہ کیا جائے۔ نیز اس کتاب پر کسی بھی قسم کے تنازع کو نمٹانے کا اختیار صرف حیدرآباد (تلنگانہ) کی عدلیہ کو ہو گا۔

© تعمیر پبلی کیشنز

کتاب	:	**موم کا محل**
مصنف	:	ڈاکٹر **محمد انس**
صنف	:	ادب اطفال
ناشر	:	تعمیر پبلی کیشنز (حیدرآباد، انڈیا)
زیر اہتمام	:	تعمیر ویب ڈیولپمنٹ، حیدرآباد
سالِ اشاعت	:	۲۰۲۳ء
تعداد	:	(پرنٹ آن ڈیمانڈ)
طابع	:	تعمیر پبلی کیشنز، حیدرآباد -۲۴
صفحات	:	۷۶
سرورق ڈیزائن	:	تعمیر ویب ڈیزائن

محمد حسین حسّان مرحوم

کے نام

جنھوں نے اب سے پینتیس برس پہلے

مجھ سے یہ کہانی لکھوائی تھی۔

تمھاری خوبیاں زندہ تمھاری نیکیاں باقی

موم کا محل

پہلی کہانی —— شہد کا شہر	۷
دوسری کہانی —— رانی کا راج	۲۵
تیسری کہانی —— عجیب تہوار	۳۳
چوتھی کہانی —— نئی بستی	۴۳
پانچویں کہانی —— ننھّی رانیاں	۵۵
چھٹی کہانی —— آسمانی دلہن	۶۲
ساتویں کہانی —— نکھٹوؤں کا انجام	۶۴
آٹھویں کہانی —— شہد کھاؤ شہد	۷۰
نویں کہانی —— آپ ہی کہیے	۷۴

پہلی کہانی

شہد کا شہر

ہمارے مکان کے سامنے ایک باغ تھا جس میں خوبصورت پھول پودے تو بہت کم تھے البتہ جابجا گھاس اور جھاڑیاں اُگی ہوئی تھیں۔ لیکن ہم سب اس گھاس اور جھاڑیوں کے جنگل کو باغ ہی کہتے تھے۔ اس باغ کے ایک کونے میں صمدو باورچی نے تھوڑی سی زمین صاف کر رکھی تھی جس میں وہ دو تین قسم کی سبزیاں اگایا کرتے تھے۔ سبزیوں کے اس چھوٹے سے کھیت سے کچھ پرے درختوں کا ایک جھنڈ تھا۔ اس جھنڈ کے نیچے گھاس پھوس صاف کرکے اینٹوں کا ایک چبوترہ بنا دیا گیا تھا، جس پر تین چار گملے پڑے ہوئے تھے۔

گرمیوں کے دن تھے اور اسکول کی چھٹیاں۔ دوپہر کو سب لوگ اپنے اپنے کمروں میں سونے چلے جاتے تھے۔ لیکن مجھے درختوں کا یہ جھنڈ بہت پسند تھا، اس لیے میں کمرے میں سونے کے بجائے ان درختوں کے نیچے کوئی آرام کرسی یا چارپائی گھسیٹ لاتا تھا۔ یہاں ٹھنڈی ٹھنڈی چھاؤں میں ہوا کے میٹھے میٹھے جھونکے آتے تھے تو آنکھیں آپ سے آپ

بند ہونے لگتی تھیں۔ درختوں کے گھنے سایے میں جو مزا آتا تھا وہ قید خانے جیسے کمروں میں بھلا کیا آتا!

ایک دن دوپہر میں میں اس چبوترے پر آرام کرسی پر لیٹا ہوا تھا۔ نظر جو اوپر اٹھی تو نیم کی ایک اونچی شاخ پر ایک عجیب سا جانور نظر آیا جو ذرا ذرا ہل رہا تھا۔ میں بہت دیر تک اسے دیکھتا رہا لیکن شاخ اِس قدر اونچی تھی کہ وہ جانور صاف طور پر نظر نہیں آ رہا تھا۔ میں دوڑا دوڑا سمّو بھائی کے پاس پہنچا اور اُن سے کہا۔ "سمّو بھائی، سمّو بھائی، وہاں باغ میں نیم کی ٹہنی پر ایک عجیب جانور بیٹھا ہے۔ جلدی چلیے — میں آپ کو دکھاؤں۔ بہت عجیب سا ہے! سچ مچ بہت عجیب سا! سمّو بھائی!"

دوڑ کر آنے کی وجہ سے میرا سانس چڑھا ہوا تھا۔ میری بدحواسی دیکھ کر وہ پریشان ہو گئے۔ میں اُن کی آستین کا کپڑا پکڑے انھیں باغ میں کھینچ لایا اور انگلی سے اشارہ کرتے ہوئے بتایا۔" وہ — وہاں — میری انگلی کی سیدھ میں دیکھیے۔ اُس شاخ پر۔"

انھوں نے میرے ایک ہلکی سی چپت رسید کی اور بولے۔ "جی تم تو بالکل ہی بدھو ہو —— جانور ہے یہ؟ یہ تو شہد کی مکھیوں کا چھتا ہے۔"

کسی اور وقت انھوں نے چپت لگائی ہوتی تو میں ہرگز برداشت نہ کرتا۔ اُن سے الجھ پڑتا، روتا، چیختا، جا کر ممی سے شکایت کرتا۔ لیکن اُس وقت تو میری آنکھیں درخت پر جمی ہوئی تھیں اور میں پوری توجہ

رہے شہد کی مکھیوں کے چھتّے کو دیکھ رہا تھا۔ میں نے آنکھیں پھاڑتے ہوئے کہا۔" اچھا آ آ ـــ یہ شہد کی مکھیاں ہیں تو سمّو بھائی ان کے چھتّے میں شہد ضرور ہوگا ؟"

وہ بولے ۔" ابھی شہد کہاں ہوگا ۔ ابھی تو بیچاریوں نے نیا نیا چھتّا لگایا ہے۔ ذرا کچھ دن گزر جانے دو ۔ پھر ہم اس چھتّے سے بہت سا شہد نکالیں گے، اور موم بھی ۔"

میں نے کہا۔" لیکن یہ مکھیاں آپ کو شہد اور موم بھلا نکالنے کیوں دیں گی ؟"

وہ کہنے لگے ۔" مکھیوں کو تو بڑی آسانی سے بھگا دیں گے۔ اس کی ایک ترکیب ہے ۔ وہ یہ کہ اس چھتّے کے نیچے بہت سارا ایندھن جلا کر خوب دھواں کریں گے۔ یہ مکھیاں جو ہیں نا ـــ دھوئیں سے بہت گھبراتی ہیں اور جب دھواں چھتّے میں گھسے گا تو یہ چھتّا چھوڑ کر بھاگ کھڑی ہوں گی۔ پھر میں کمبل اوڑھ کر درخت پر چڑھ جاؤں گا اور چھتّے سے شہد نکال لاؤں گا ۔"

میں نے پوچھا ۔" لیکن آج کل تو گرمیوں کے دن ہیں ۔ ایسے میں بھلا کمبل اوڑھنے کی کیا ضرورت ہوگی ؟"

کہنے لگے ۔" تم تو نرے بدّھو ہو ۔ ارے بھئی کمبل اس لیے اوڑھوں گا کہ مکھیوں کے ڈنک سے بچا رہوں ۔"

میں نے کہا ۔" اوہو ـــ یہ بات ہے !"

سمّو سمجھانے بولے۔ "لیکن ایک بات یاد رکھنا۔ کبھی ان مکھیوں کو چھیڑ نہ دینا ورنہ یہ یہاں سے بھاگ جائیں گی اور یہ بھی سمجھ لو کہ اگر تم نے ان کو پریشان کیا تو سب کی سب اس بری طرح چمٹ پڑیں گی کہ بس خدا یاد آجائے گا۔"

میں نے کہا: "بڑی زور سے ڈنک مارتی ہوں گی۔۔۔ آں؟"

کہنے لگے "اور نہیں تو کیا۔ ایسا ڈنک مارتی ہیں، جمی صاحب، کہ دن میں تارے نظر آنے لگتے ہیں۔"

میں نے حیرت سے کہا۔ "اچھا آ آ۔۔۔ دن میں تارے؟ دن میں بھلا کیوں تارے نظر آتے ہیں؟"

انھوں نے میری گردن پر ایسی چٹکی لی کہ میں بلبلا اٹھا۔ وہ کھل کھلاتے ہوئے بولے "تارے نظر آئے یا نہیں؟" پھر میری آنکھوں میں آنسو دیکھ کر مجھے گود میں اٹھا لیا۔

دو تین دن کے اندر ہی اندر یہ بات گھر میں سب کو معلوم ہوگئی کہ باغ میں نیم کے درخت پر شہد کی مکھیوں نے چھتّا لگایا ہے۔ اور سچ پوچھیے تو یہ میرے لیے برا ہوا۔ نسرین، علیس، روبی، شیما اور تمام بچوں کو ہدایت کر دی گئی کہ چھتے کے پاس نہ جائیں ورنہ مکھیاں ڈنک مار دیں گی۔ لیکن مجھے خاص طور پر نصیحت کی گئی، کیونکہ مجھے ہی باغ کے درختوں کے سایے میں لیٹنے بیٹھنے کا سب سے زیادہ شوق تھا۔

امّی بولیں "دیکھو بیٹے! اس چھتے کے پاس نہ جانا۔ یہ مکھیاں بہت

موذی ہوتی ہیں — اچھا؟"

میں نے جواب دیا۔ "جی — نہیں جاؤں گا۔"

شانی باجی کہنے لگیں۔ "بھئی، اس چھتّے والے پیڑ سے ذرا دور ہی رہا کرو۔ رونے تو تم ویسے ہی ٹھہرے، اور جو کسی مکھّی نے ڈنک مار دیا تو بس قیامت ہی مچا دو گے۔ تو بھلا ایسا کام ہی کیوں کرو کہ بعد میں رونا پڑے؟"

سکینہ ماما باورچی خانے میں سالن پکا رہی تھیں۔ ان سے تو ویسے بھی چُپ نہیں بیٹھا جاتا۔ جب کوئی بات ہو رہی ہو تو بھلا کیسے خاموش رہ جاتیں۔ کہنے لگیں۔ "ہاں بی بی۔ خدا بخشے میری خالہ کو۔ ایک بار وہ بتا رہی تھیں کہ گورکھپور میں کسی آدمی نے ایک شہد کی مکھیوں کا چھتّا چھیڑ دیا تھا۔ بس وہ مکھیاں اسے ایسے لپٹ پڑیں کہ جان لے کر ہی چھوڑا۔"

ایک دن پھوپھی جان مجھ سے کہنے لگیں "توبہ ہے۔ مجھے تو شہد کی مکھیوں کا چھتّا دیکھ کر ایسی گھن آتی ہے کہ میں کیا کہوں۔ معلوم نہیں تمھیں وہاں کیا مزہ آتا ہے۔ میری سنو تو بھئی اس سے ذرا الگ ہی رہا کرو۔ کودنے پھاندنے کے لیے اور بھی بہتیری جگہیں پڑی ہیں۔ خطرناک جگہوں پر جانے سے کیا فائدہ؟"

غرض دن رات ہدایتیں سنتے سنتے میں تو عاجز آ گیا۔ شہد کی مکھیاں نہ ہوئیں بھوت یا ہوّا ہو گئیں کہ ذرا پاس پھٹکے اور وہ جھپٹ پڑیں۔ سچی بات یہ ہے کہ ان تمام ہدایتوں کے باوجود میں چوری چھپے روزانہ دو چار

بار اُس چھتّے کو دیکھ آتا تھا اور یہ دیکھ کر مجھے بڑی خوشی ہوتی تھی کہ وہ روز بروز بڑا ہوتا جا رہا تھا۔

لیکن ایک دن میری چوری پکڑی گئی۔ میں مکھیوں کا چھتّے پر منڈلانا اور ان کا آنا جانا بڑے غور سے دیکھ رہا تھا کہ پیچھے سے ستّو بھائی آ گئے اور میرا کان پکڑ کر بولے۔ "جمّی صاحب! میں نے آپ کو منع کیا ہے نا کہ ہر وقت چھتّے کا چکر نہ کاٹا کیجیے۔ مگر جب دیکھیے گھسے پڑے ہیں چھتّے میں۔ چلیے ہٹیے یہاں سے — چلیے۔"

شرم اور غصّے کے مارے میری آنکھوں میں آنسو بھر آئے۔ میں چھتّے کو دیکھ ہی تو رہا تھا۔ اگر اُسے چھیڑتا تو ڈانٹ ڈپٹ درست ہو سکتی تھی۔ ذرا نظر ڈالنے میں کون سا نقصان ہوا جا رہا تھا؟ خیر اس وقت تو میں آنسو پی گیا، لیکن دل میں ٹھان لی کہ ستّو بھائی سے اس کا بدلہ ضرور لوں گا۔

بدلہ لینے کی یہی ترکیب تھی کہ میں مکھیوں کو اڑا دوں۔ جب وہ بھاگ جائیں گی تو ستّو بھائی کی شہد نکالنے کی اسکیم دھری رہ جائے گی اور میاں صاحب اپنا سا منہ لے کر رہ جائیں گے۔ یہ سوچ کر میں نے ایک لمبا سا پتلا بانس تلاش کیا، اور شام کا انتظار کرنے لگا تاکہ جب سب لوگ ٹہلنے کے لیے چلے جائیں تو میں موقع سے فائدہ اٹھا کر چھتّا توڑ ڈالوں میں نے دل میں سوچا کہ چھتّے پر زور سے ایک بانس مار کر بھاگتا ہوا گھر میں گھس جاؤں گا۔ خوب تیز بھاگوں گا تو یہ مکھیاں بھلا مجھے کیا ہا

سکیں گی !

شام ہوئی تو میں بانس سنبھالے ہوئے چھتّے کے قریب پہنچا، اور خوب نشانہ تاک کے ۔۔۔ وہ مارا ۔۔۔ ساری مکھیاں ایک دم بھنبھنا اٹھیں ۔غُوں غُوں، غُوں غُوں ۔۔۔ معلوم ہوتا تھا کہ کوئی ہوائی جہاز سر پر منڈلا رہا ہے ۔میں جب تک بانس چھوڑ کر بھاگوں، آٹھ دس مکھیاں لپٹ گئیں ۔خدا کی پناہ، ایسا معلوم ہوتا تھا جیسے کسی نے جسم پر بجلی کا تار لپیٹ دیا ہو اور سارے جسم میں سن سن بجلی کی لہریں دوڑ رہی ہوں ۔میں چیخنے لگا ۔میری چیخیں سن کر گھر میں جتنے لوگ تھے مدد کے لیے دوڑ پڑے ۔آخر بابا بھائی اور سمو بھائی نے بڑی مشکل سے مجھے مکھیوں سے نجات دلائی ۔

اب میں آپ سے کیا بتاؤں ۔بیان کرتے ہوئے شرم آتی ہے میرے دونوں گال سوج کر کُپّا ہو گئے ۔سارا چہرہ پھول کر سُرخ ہو گیا اور آنکھیں اندر کو دھنس گئیں ۔ایسی شکل ہو گئی کہ کسی کے سامنے جاتے ہوئے شرم آتی تھی، اس لیے گھر سے باہر نکلنا بالکل چھوڑ دیا ۔اور تو اور سب سے بڑی مصیبت یہ ہوئی کہ گھر میں سب نے مجھے چھیڑنا شروع کر دیا ۔جدھر جاتا آوازے کسے جاتے ۔"کہیے جناب تیس مار خاں صاحب کیا حال ہے ؟" اور سمو بھائی تو ہاتھ دھو کے پیچھے پڑ گئے ۔جہاں نظر پڑی جملے کسنے شروع کر دیے " بھئی واہ ! ایسا جانور تو میں نے دہلی کے چڑیا گھر میں بھی نہیں دیکھا ! "

خدا خدا کر کے آٹھ دس روز کے بعد حُلیہ کچھ ٹھیک ہوا۔

دو تین ہفتے گزر گئے۔ ایک دن شام کے وقت میں برآمدے میں اکیلا بیٹھا ایک مزے دار کہانی پڑھ رہا تھا۔ اتنے میں بھِن بھِن تِن تِن کی آواز آئی۔ میں چوکنّا ہو گیا۔ اُف میرے خدا ۔۔۔ ایک شہد کی مکھّی میرے گرد منڈلا رہی تھی۔ خون ہی تو خشک ہو گیا۔ میں کرسی سے اٹھ کر بھاگنے ہی والا تھا کہ وہ مکھی بولی: "ارے ہے۔ بڑے ڈرپوک ہو جی! ایک چھوٹی سی مکھّی سے اتنا ڈرتے ہو؟"

میں ٹھٹھک گیا۔ "خوب صاحب خوب۔ آپ کا خیال ہے کہ میں چپکا بیٹھا رہوں تاکہ آپ مجھے پھر کاٹ کھائیں؟ میں بزدل ہوں؟ ایں؟ اور تم بڑی بہادر تھیں کہ اس دن سب کی سب مل کر مجھ سے چمٹ پڑی تھیں؟"

وہ بولی۔ "تمھارے ڈنک میں نے نہیں مارا تھا۔ جن مکھّیوں نے تمھیں کاٹا تھا وہ تو بیچاری مر بھی گئیں۔"

"سچ مچ ۔۔۔؟ کیسے مریں کم بخت؟" میں نے پوچھا۔

"ہے ہے! مُردوں کو بُرا نہیں کہتے۔ ان کی موت کا سبب پوچھتے ہو تو یہ سمجھو کہ جب کوئی مکھّی کسی کو ڈنک مارتی ہے تو اس کا ڈنک ٹوٹ جاتا ہے۔ کیوں کہ ہمارا ڈنک مچھلی پھنسانے والے کانٹے کی طرح نوک کے پاس دہرا ہوتا ہے۔ چبھنے کو تو وہ چبھ جاتا ہے لیکن پھر صحیح سلامت نکل نہیں سکتا اور ڈنک ٹوٹنے کے بعد

کوئی مکھی دو گھنٹے سے زیادہ نہیں جی سکتی۔"

مجھے اپنی تکلیف یاد آگئی۔ میں نے کہا "جس شخص کو تم ڈنک مارتی ہو وہ بھی تو بلبلا اٹھتا ہے!"

"مگر اس تکلیف سے بچنے کی ایک ترکیب ہے، جو عام طور پر لوگ نہیں جانتے"۔ اس نے کہا۔ "ڈنک کی نوک کے پاس ایک چھوٹی سی تھیلی ہوتی ہے۔ سارا زہر اسی تھیلی میں ہوتا ہے۔ جب آدمی ڈنک ماری ہوئی جگہ کو ملتا یا کھجاتا ہے تو یہ تھیلی پھوٹ جاتی ہے اور پھر زہر پھیلنے سے ڈنک ماری ہوئی جگہ میں سوجن اور تکلیف بڑھ جاتی ہے اگر اس جگہ کو ملایا کھجایا نہ جائے، اور ٹوٹا ہوا ڈنک کسی باریک چمٹی سے کھینچ کر نکال دیا جائے، تو نہ زہر کی تھیلی پھوٹے گی، اور نہ سوجن اور تکلیف ہوگی۔"

میں نے کہا "یہ تو بڑے کام کی بات بتائی تم نے۔"

مکھی بولی: "بتانے کی تو بہت سی باتیں ہیں۔ اگر تم سننا چاہو تو میرے ساتھ باغ چلو۔ پھر وہاں کسی کونے میں اطمینان سے باتیں کریں گے اور میں تمھیں اپنی زندگی کے بارے میں بڑی عجیب عجیب باتیں سناؤں گی۔"

مجھے ڈر تو لگ رہا تھا کہ یہ مکھی کہیں کوئی چال نہ چل رہی ہو اور مجھے باتوں میں لا کر کوئی شرارت نہ کرے۔ لیکن اس کی باتیں ایسی اچھی لگ رہی تھیں کہ میں اس کے پیچھے ہو لیا۔ باغ کے ایک

گوشے میں پہنچ کر میں تو ایک بڑے پتھر پر بیٹھ گیا اور وہ ایک پھول کے دو چار چکر لگا کر اُسی پر بیٹھ گئی اور بولی "میرا خیال ہے کہ تمھیں میری کہانی بہت پسند آئے گی۔ اس کہانی کا نام ہے 'موم کا محل'۔"

میں نے کہا "موم کا محل؟ یہ موم کا محل کیسا ہوتا ہے؟ اینٹ پتھر کے محل تو میں نے دیکھے ہیں لیکن موم کا محل تو سنا بھی نہیں؟"

اس نے مسکرا کر اپنی مونچھیں ہلائیں اور بولی "واہ میاں واہ ہمارا اچھا ہمارا محل ہے ——————: ہمارا اچھا موم ہی سے تو بنتا ہے۔ تم اینٹ پتھر کے محل میں رہتے ہو اور ہم موم کے محل میں۔"

"یہ بات ہے — تم ہو بڑی تیز" میں نے کہا۔ "اچھا تو اب اپنی کہانی شروع کرو گی؟"

"بہت لمبی ہے میری کہانی" اس نے کہا۔

"کتنی لمبی؟" میں نے پوچھا۔

"اتنی لمبی کہ ایک دو روز میں تو ختم ہونے سے رہی۔ میں یہ کر سکتی ہوں کہ اس کہانی کی کئی کہانیاں بنا کر روزانہ سہ پہر میں ایک کہانی سنا دیا کروں۔"

"ٹھیک ہے، یوں ہی کریں" میں نے کہا۔

"میں نہیں چاہتی کہ ہم دونوں کی باتوں میں کوئی تیسرا دخل دے۔ اس لیے جب تک میری ساری کہانیاں ختم نہ ہو جائیں تم

کسی سے اُن کا ذکر نہ کرنا۔"

"نہیں، کوئی ذکر نہیں کروں گا۔ کسی سے نہیں۔" میں نے کہا۔

تب اس نے اپنی کہانی شروع کی۔

"ہماری دنیا بڑی عجیب اور دلچسپ ہے۔ ہمیں قدرت نے ایسی سمجھ دی ہے کہ ہم اندھیرے میں ایسا چھتّا بنا ڈالتے ہیں جو نہ صرف بڑا مضبوط ہوتا ہے، بلکہ جس میں خوب سارا شہد بھی سما سکتا ہے۔"

"کتنا؟" میں نے پوچھا۔

"اگر چھتّا بہت اچھا ہو تو اس میں مکھیوں کی آبادی کوئی بچاس ہزار تک ہو سکتی ہے اور وہ سال بھر میں تقریباً ساٹھ کلو شہد بنا سکتی ہیں۔"

"ساٹھ کلو تو بہت ہوتا ہے۔" میں نے کہا۔

"اسی لیے تو ہماری آج کی کہانی کا نام ہے۔ 'شہد کا شہر'۔ اسی شہد کے شہر میں ہماری زندگی ایک ننھے سے سفید انڈے سے شروع ہوتی ہے جو چھتّے کے سوراخ میں سیدھا کھڑا ہوتا ہے اور جس کا ایک سرا سوراخ کی تہہ سے چپکا ہوتا ہے۔ بہت سے کیڑوں کی طرح شہد کی مکھی کو بھی انڈے سے نکلنے کے بعد پوری مکھی بننے میں وقت لگتا ہے۔ انڈا جب تین روز پُرانا ہو جاتا ہے تو اس سے ایک ننھا سا کیڑا پیدا ہوتا ہے۔ یہ مکھی کا پہلا روپ،

پالا ہوا ہے۔ جب لاروا بڑھتے بڑھتے اتنا بڑا ہو جاتا ہے کہ پورے سوراخ میں بھرپور سما جائے تو مکھیاں سوراخ کا منہ موم اور زیرِگل سے بند کر دیتی ہیں۔"

"زیرِگل کیا ہوتا ہے؟" میں نے پوچھا۔

"پھول کے بیچ میں جو زیرا ہوتا ہے اسے زیرِگل یا زعفرانہ کہتے ہیں۔"

"اچھا پھر؟"

"گو کہ سوراخ کا منہ ڈھانپ دیا جاتا ہے پھر بھی اس میں بہت سے مہین چھید ہوتے ہیں، جن سے ہوا اندر پہنچتی رہتی ہے۔ کچھ عرصے میں لاروا اپنے گرد ایک ریشمی خول بُن لیتا ہے، جس میں پرورش پا کردہ "منجھلے روپ" یا 'پیوپا' کی شکل میں آجاتا ہے۔ لاروا سے پیوپا بننے میں چھ دن لگتے ہیں۔ پھر بارہ دن اور گزرنے پر 'پیوپا' ننھی مکھی بن جاتا ہے اور اپنا خول اور سوراخ کا منہ توڑ کر باہر نکل آتا ہے۔"

"تین دن میں انڈے سے لاروا، چھ دن میں لاروا سے پیوپا، اور پھر چھ دن میں پیوپا سے مکھی ـــ گویا انڈے سے پوری مکھی بننے میں اکیس دن لگتے ہیں۔" میں نے کہا۔

"ہاں، پورے اکیس دن۔" اس نے جواب دیا۔ اور اس کے بعد شہد کی مکھی کی کل عمر چھ ہفتے ہوتی ہے۔

"بس؟"

"بس چھ ہفتے۔ لیکن رانی کی عمر پانچ چھ سال ہوتی ہے۔" اس نے اپنی بات جاری رکھتے ہوئے کہا۔ "اگر تم کبھی ہمارا چھتا کھول کر دیکھو تو تمھیں اس کے بیچ میں شاہی محل، یعنی رانی مکھیوں کے لیے آٹھ دس بڑے بڑے سوراخ ملیں گے۔ ان کے علاوہ کوئی دس ہزار سوراخوں میں انڈے بھرے ہوں گے۔ کوئی پندرہ ہزار سوراخ ایسے ہوں گے جن میں لاروا پرورش پا رہے ہوں گے۔ اور تقریباً چالیس ہزار سوراخوں میں پیوپا آرام کر رہے ہوں گے۔ ان کے علاوہ جیسا کہ میں بتا چکی ہوں، ایک بڑے اور اچھے چھتے میں مکھیوں کی تعداد پچاس ہزار کے قریب ہو سکتی ہے۔"

"سب مکھیاں ایک طرح کی ہوتی ہیں کیا؟" میں نے پوچھا۔

"نہیں۔ نہیں؟" اس نے کہا۔ "مکھیاں تین طرح کی ہوتی ہیں۔ رانی، مزدور اور نکھٹو۔ رانی مکھی چھتے کی سب مکھیوں کی ماں ہوتی ہے اور وہ مزدور مکھی سے زیادہ بڑی، زیادہ چمکیلی اور زیادہ خوبصورت تو ہوتی ہے مگر طاقت میں اس سے کم ہوتی ہے۔ اس کا ڈنک بھی اور مکھیوں کے ڈنک کی طرح سیدھا نہیں ہوتا بلکہ اوپر کو اٹھا ہوتا ہے۔ اس کے پر چھوٹے ہوتے ہیں اور وہ بہت دیر تک نہیں اڑ سکتی۔ مکھیوں کی دوسری قسم مزدور مکھی ہے۔ چھتے میں زیادہ تر آبادی مزدور مکھیوں کی ہوتی ہے۔ یہ نہ تو نر ہوتی ہیں نہ مادہ۔

چھتّے کے اندر اور باہر جتنا بھی کام ہوتا ہے، سب مزدور مکھیاں کرتی ہیں۔ مزدور مکھی کا مغز اور مکھیوں کے بھیجے سے زیادہ بڑا ہوتا ہے۔ اس کی پچھلی ٹانگوں پر بال ہوتے ہیں جن کی مدد سے وہ پھولوں کا زیرا اور رس جمع کرتی ہے۔ انھیں وہ ان چھوٹی چھوٹی تھیلیوں میں جمع کرتی ہے جو اس کی ٹانگوں میں ہوتی ہیں۔ اُن کا پیٹ ایک طرح کا کارخانہ ہوتا ہے۔ جس میں وہ پھولوں کے رس سے شہد بناتی ہے۔ اس کے پیٹ کے پچھلے حصّے میں گلٹیاں ہوتی ہیں جن سے وہ موم بناتی ہے۔ اب رہی مکھیوں کی تیسری قسم۔ تو وہ ہے نر مکھی۔ ایک چھتّے میں سینکڑوں نر مکھیاں ہوتی ہیں۔ نر مکھیاں بالکل ہی نکمّی اور نکھٹو ہوتی ہیں۔ مگر جب چھتّے کی رانی مر جاتی ہے یا بوڑھی ہو جاتی ہے تو مزدور مکھیاں نئی رانی چنتی ہیں اور پھر اس نئی رانی کی شادی انھیں سینکڑوں نر مکھیوں میں سے کسی ایک کے ساتھ ہو جاتی ہے۔ اس کے علاوہ نر مکھیوں کا اور کوئی کام نہیں ہوتا۔ یہ صرف کھاتی ہیں اور چھتّے کے اندر باہر ٹہلتی رہتی ہیں۔ یہ موٹی، بھدّی اور چوڑی چکلی ہوتی ہیں۔ نہ تو ان کی ٹانگوں میں زردانے کی تھیلی ہوتی ہے اور نہ پیٹ میں شہد جمع کرنے کی تھیلیاں یا موم بنانے والی گلٹیاں۔ اپنی حفاظت کے لیے ان کے پاس ڈنک بھی نہیں ہوتے۔ ان کی زبان بھی اتنی لمبی نہیں ہوتی کہ پھولوں کا رس چوس سکے۔ لیکن پر اور بازو کافی لمبے ہوتے ہیں۔ اس لیے کہ انھیں رانی کی تلاش میں دور تک جانا پڑے گا۔

وقت آنے پر انھیں رانی کو ڈھونڈنا ہوگا، اس لیے اُن کی آنکھیں بہت بڑی بڑی ہوتی ہیں اور ہر پتلی میں تقریباً آٹھ دس ہزار پہلو ہوتے ہیں اُن کی مونچھیں بھی بہت حساس ہوتی ہیں۔ جن سے انھیں وقت آنے پر رانی کی بو پانے میں مدد ملتی ہے۔

"کون سا وقت آنے پر؟" میں نے پوچھا۔

"جب اُن میں سے کسی ایک کی رانی سے شادی ہوگی۔ مگر یہ قصّہ میں تمھیں بعد میں سناؤں گی۔"

میں نے پوچھا: "تم رانی ہو یا مزدور؟"

وہ بولی: "میں تو مزدور ہوں اور پھولوں سے شہد جمع کرتی پھرتی ہوں۔ اچھا اب تمھیں ایک بات اور بتاؤں۔ اگر تم کسی چھتّے کو بے احتیاطی سے چھیڑوگے تو مکھیاں ناراض ہو جائیں گی۔ ان کے غصّے کا مزا ایک مرتبہ تم چکھ ہی چکے ہو۔ لیکن اگر ذرا سا ہوشیاری سے کام لوگے تو مکھیاں اپنے شہد کے شہر سے خود ہی چلی جائیں گی۔"

میں نے جلدی سے بات کاٹ کر کہا: "چھتّے کے نیچے دھواں کرنا ہوگا۔ کیوں ٹھیک ہے نا؟"

مکھّی بولی: "ہاں ٹھیک ہے۔ مکھیاں دھوئیں سے ڈرتی تو نہیں ہیں اور نہ انھیں اس سے کوئی تکلیف ہوتی ہے، لیکن وہ دھوئیں میں رہنا پسند نہیں کرتیں۔ اسی لیے دھواں ہوتے ہی وہ اپنے جمع کیے ہوئے شہد کے خزانے میں کود پڑتی ہیں اور جتنا شہد اپنے جسم پر لپیٹے اتنا شہد

لپیٹ لیتی ہیں، اور پھر کسی اور جگہ جا کر چھتا بناتی ہیں۔ دیکھو، میں نے تمھیں مکھیوں کو بھگانے کی ترکیب تو بتا دی ہے، لیکن خدا کے لیے اب تم ان غریبوں کے چھتے نہ اجاڑتے پھرنا"۔

میں نے بگڑ کر کہا۔" میں کوئی چور اچکا ہوں کیا، جو میں تمھارا شہد چراتا پھروں گا؟"

وہ بولی۔" نہیں نہیں، یہ بات نہیں ہے۔ تم بُرا مان گئے۔ میں نے تو یوں ہی ایک بات کہہ دی تھی۔ خیر اگر تم کبھی چھتے کے اندر کی دنیا دیکھ پاؤ تو نہ جانے تم اسے کیا سمجھو۔ وہاں تمھیں ہزاروں لال پیلے ننھے ننھے کیڑے ایک دوسرے پر لدے گڈ مڈ نظر آئیں گے اور ایسا معلوم ہوگا کہ سب مرے پڑے ہیں۔ لیکن غور سے دیکھو گے تو تمھیں ان میں ہلکی ہلکی حرکت نظر آئے گی۔ بھلا بوجھو تو یہ کیڑے کیا ہیں؟"

میں نے کہا:" تمھیں بتاؤ۔"

وہ چڑ کر بولی۔" تمھیں بتاؤ گی بھی خوب کہی۔ ارے میاں، جو عقلمند ہوتے ہیں وہ باتوں کو کچھ نہ کچھ اپنی عقل سے سمجھنے بوجھنے کی کوشش کرتے ہیں۔ بھئی، یہ وہی ننھی ننھی شہد کی مکھیاں تو ہیں جو باغ میں ایک پھول سے دوسرے پھول تک اڑتی پھرتی ہیں۔ پھولوں پر بیٹھی ہوئی یہ کیسی خوبصورت معلوم ہوتی ہیں، لیکن یہاں چھتے کے اندھیرے میں بیچاری ایک دوسرے پر اس طرح لدی پھندی پڑی ہیں کہ تم یہ سمجھ بیٹھو کہ اس ہجوم میں دبے ہوئے اُن کا دم گھٹ رہا ہوگا۔ دیکھنے سے تو تمھیں ایسا

لگے گا کہ ساری مکھیاں چپ چاپ پڑی ہوئی ہیں۔ لیکن اس ڈھیر میں ہر مکھی اپنے اپنے کام میں مشغول ہوگی اور کسی کو آرام کی ذرا بھی فکر نہیں ہوگی۔ واقعہ یہ ہے کہ مکھیوں کی قسمت میں چین اور آرام بالکل نہیں ہوتا ہر مزدور مکھی اپنے کام میں لگی رہتی ہے اور کام بھی طرح طرح کے ہوتے ہیں۔ ان سب کے کام کاج کے بارے میں تو میں بعد میں بتاؤں گی۔ اس وقت تو تم یہ سمجھ لو کہ اس ڈھیر سے الگ رہ کر کوئی مکھی زندہ نہیں رہ سکتی۔"

میں نے پوچھا: "لیکن اگر اسے بہت آرام سے رکھا جائے تو؟"

اس نے کہا: "مکھی کے لیے سب سے آرام دہ جگہ پھولوں کا چمن ہو سکتا ہے۔ لیکن وہاں بھی کوئی مکھی زندہ نہیں رہ سکتی۔ وہاں وہ بھوک سے نہ مرے، سردی سے نہ مرے، لیکن تنہائی سے ضرور مر جائے گی۔ یوں سمجھو کہ جس طرح کوئی آدمی کتنا ہی اچھا پیراک کیوں نہ ہو۔ پھر بھی بہت دیر تک پانی میں نہیں رہ سکتا، اور اُسے سستانے کے لیے کنارے پر آنا ہی پڑتا ہے، اسی طرح شہد کی مکھی بھی بہت دیر تک اپنے چھتے سے الگ نہیں رہ سکتی اور تھوڑی دیر کے بعد اسے اپنے اندھیرے چھتے اور مکھیوں کی بھیڑ میں گھسنا ضروری ہوتا ہے۔ گویا شہد کی مکھی کی تنہا زندگی کچھ بھی نہیں۔ اس کی زندگی کا ذریعہ اُس کے چھتے کی بھیڑ بھاڑ ہے اور سچ پوچھو تو انسان ہوں یا مکھیاں، تنہا زندگی سب کے لیے بیکار سی چیز ہے۔ دوسروں کے ساتھ گھل مل کر

رہنا اور ان کے دُکھ سُکھ میں شریک ہونا ہی زندگی ہے۔ صرف اپنے ہی دُکھ سُکھ سے مطلب رکھنا بڑی خود غرضی کی بات ہے۔ ترقی کرنے اور خوش و خُرم زندگی بسر کرنے کے لیے یہ ضروری ہے کہ ہم خود غرضی اختیار نہ کریں اور دوسروں کے دُکھ کو اپنا دُکھ اور دوسروں کے آرام کو اپنا آرام سمجھیں۔"

میں نے کہا۔" بات تو تم ٹھیک کہتی ہو۔"

وہ بولی۔" اچھا تو میں اب جارہی ہوں۔ اگر تم کل پھر اسی وقت اس جگہ آؤ گے تو تمھیں اپنی دوسری کہانی سناؤں گی۔" یہ کہہ کر وہ بھن بھن کرتی ہوئی اپنے چھتے کی طرف اُڑ گئی۔ میں گھر میں داخل ہوا۔ صحن میں ننّو بھائی نظر آئے۔ میں دِل ہی دِل میں مسکرایا اور سوچا کہ ان حضرت کو تو ہرگز نہیں بتاؤں گا مکھّی کی باتیں۔

دوسری کہانی

رانی کا راج

دوسرے دن سہ پہر ہوتے ہی میں باغ میں جا پہنچا۔ بڑی دیر تک بیٹھا انتظار کرتا رہا۔ اور آپ جانتے ہی ہیں کہ انتظار میں وقت بڑی مشکل سے کٹتا ہے۔ خدا خدا کر کے بی مکھی بھن بھن کرتی ہوئی تشریف لائیں۔ میں نے دیکھتے ہی کہا۔ "آؤ بھائی، تم نے تو بڑی راہ دکھائی۔"

"واہ صاحب۔ میں نے تو کوئی خاص دیر نہیں کی۔ تم ہی وقت سے پہلے آگئے ہو گے۔" اس نے جواب دیا۔

میں نے کہا۔ "اچھا۔ اس جنگلی گلاب پر بیٹھ جاؤ اور جلدی سے اپنی کہانی شروع کر دو۔"

وہ بولی۔ "اوں ہنہ، میں تو اس نیلے پھول پر بیٹھوں گی مجھے نیلا رنگ پسند ہے۔"

میں نے پوچھا۔ "سب مکھیاں نیلا رنگ پسند کرتی ہیں یا صرف تمھیں کو پسند ہے؟"

وہ کہنے لگی۔ "صرف مجھے ہی نہیں، بلکہ تمام شہد کی مکھیوں کو سب رنگوں

ہیں نیلا رنگ ہی سب سے اچھا لگتا ہے۔"

میں نے پوچھا۔ "اچھا، آج کون سی کہانی سناؤ گی ؟"

اس نے جواب دیا۔ "لو آج تمھیں رانی کی کہانی سناتی ہوں۔ اس کہانی کا نام ہے" رانی کا راج "۔ یہ تو میں تمھیں کل بتا چکی ہوں کہ چھتے میں تین قسم کی مکھیاں ہوتی ہیں۔ اگر تمھارے سامنے یہ تینوں قسم کی مکھیاں رکھ دی جائیں تو تم ہر ایک کو بڑی آسانی سے پہچان لوگے۔ پہلی قسم مزدور مکھیوں کی ہے۔ مزدور مکھیاں تو تم نے بہت دیکھی ہوں گی اور پھر خود میں ہی تمھارے سامنے موجود ہوں۔ دوسرے قسم کی مکھیاں نر ہوتی ہیں اور ڈرون (DRONE) یا نکھٹو کہلاتی ہیں۔ ان کا بدن کافی بھاری ہوتا ہے اور یہ مزدور مکھیوں کی طرح لمبی نہیں، بلکہ خوب چوڑی چکلی ہوتی ہیں۔ ان کی پیشانی پر بہت بڑی بڑی آنکھیں ہوتی ہیں۔ ان مکھیوں کے پاس ڈنک نہیں ہوتے۔ ان کی مونچھیں اور مکھیوں کی مونچھوں سے چھوٹی ہوتی ہیں اور ان کی ٹانگوں پر موٹے موٹے سخت بال ہوتے ہیں۔"

"یہ تو تم مجھے بتا چکی ہو۔ اب تو تم رانی کی کہانی سنانے جا رہی تھیں؟" میں نے ٹوکا۔

"تمھاری بے صبری کا بھی جواب نہیں ہے۔" اُس نے کہا۔ "لو رانی کا حال سنو۔ رانی مکھی، شہد کی مکھیوں کی تیسری قسم ہے۔ رانی باقی تمام مکھیوں سے زیادہ لمبی ہوتی ہے۔ اس کی ٹانگوں پر بال بالکل نہیں ہوتے اور اس کا رنگ بھورا ہوتا ہے، ایک ہلکی سی سرخی لیے ہوئے وہ سب

مکھیوں سے زیادہ خوبصورت ہوتی ہے۔ چھتے کی تمام مکھیاں، رانی سے بے انتہا محبت کرتی ہیں۔ اگر تم کبھی اس محبت کا تماشا دیکھنا چاہو تو رانی کو چھتے سے نکال لاؤ۔ رانی کے غائب ہونے کی خبر آن کی آن میں چھتے کے کونے کونے میں پہنچ جائے گی، اور ساری مکھیاں پریشان اور بدحواس ہو کر ادھر ادھر دوڑنے لگیں گی۔ چھتے میں سارا کام کاج بالکل بند ہو جائے گا۔ کاریگر مکھیاں چھتا بنانا چھوڑ دیں گی۔ دایہ مکھیاں انڈوں کی دیکھ بھال کرنا بھول جائیں گی۔ شہد جمع کرنے والی مکھیاں شہد جمع کرنے نہیں جائیں گی۔ دربان مکھیاں پہرے سے ہٹ جائیں گی۔ اب دشمن چھتے میں گھس آئیں اور سارا چھتا لٹ جائے، ان کی بلا سے۔ ہر طرف ایک شور اور ماتم ہونے لگے گا۔ اس گڑبڑ اور افراتفری کا نتیجہ یہ ہوگا کہ چھتا تباہ ہو جائے گا۔ اور ایک ایک کر کے ساری مکھیاں مر جائیں گی۔

لیکن اگر دو تین گھنٹے کے بعد تم رانی کو چھتے میں واپس رکھ دو تو بڑا مزہ آئے گا۔ رانی کا استقبال کرنے کے لیے ساری مکھیاں ٹوٹ پڑیں گی۔ اور اس کے گرد جمع ہو جائیں گی۔ ہر مکھی اپنی دوسری بہنوں کو روندتی ہوئی رانی کے پاس پہنچنے کی کوشش کرے گی۔ مکھیاں بڑھ بڑھ کر رانی کو چومیں گی اور اسے تھپکیاں دیں گی۔ رانی کو اچھے سے اچھا شہد پیش کیا جائے گا اور پھر وہ شاہی محل میں پہنچا دی جائے گی۔ چھتے کے سارے کام پھر شروع ہو جائیں گے۔ اور سب مکھیاں مل کر خوشی کے گیت گائیں گی۔"

میں آنکھیں پھاڑے اس کی باتیں سنتا رہا۔ پھر وہ کہنے لگی۔ "نہیں، نہیں،

بلکہ یہاں تک کہ اگر مکھیوں کے اس ننھے سے شہر پر کوئی مصیبت ٹوٹ پڑے تو ساری مکھیاں اپنی جان پر کھیل کر رانی کی حفاظت کرتی ہیں۔ چھتے میں سردی، بیماری، قحط غرض کیسی بھی بڑی آفت کیوں نہ آجائے، مکھیاں اپنی رانی کو کبھی نہیں چھوڑیں گی۔ وہ اس کے گرد حلقہ بنا کر جمع ہو جائیں گی اور جب تک ان کی جان میں جان رہے گی، وہ رانی کی حفاظت کرتی رہیں گی۔ چاہے وہ خود سردی سے ٹھٹھر کر مر جائیں لیکن ان کی ساری کوشش یہ ہوگی کہ رانی کو سردی نہ لگے۔ وہ خود بھوک سے تڑپ رہی ہوں لیکن اگر چھتے میں ایک قطرہ بھی شہد ہوگا تو وہ اسے رانی کو کھلا دیں گی۔ اس لیے کسی آفت اور مصیبت کے بعد بھی تم رانی کو اس کے وفادار ننھے دوستوں کی لاشوں کے نیچے زندہ پاؤ گے۔ جب تک رانی زندہ ہو، مکھیوں کو کوئی غم نہیں ہوتا۔ تم دس مرتبہ چھتے کے سارے انڈے برباد کر دو، انھیں رنج نہیں ہوگا۔ کتنی ہی بار انسان کا چھتا توڑ دو تو وہ اسے پھر بنا لیں گی۔ جتنی بار چاہو ان کا شہد کا خزانہ لوٹ لو، انھیں صدمہ نہیں ہوگا۔ لیکن رانی کے بغیر وہ ایک پل زندہ نہیں رہ سکتیں۔

"پھر تو تم رانی کی بڑی حفاظت کرتی ہوں گی؟" میں نے سوال کیا؟"

"اور کیا؟" اس نے جواب دیا "رانی کی حفاظت کے لیے خاص طور پر پہرے دار مقرر ہوتے ہیں۔ ان کے علاوہ اور بھی بہت سی مکھیاں ہمیشہ رانی کے ساتھ ساتھ رہتی ہیں۔ انھیں تم رانی کے درباری سمجھو

یہ درباری ہر وقت رانی کا جسم صاف کرتے رہتے ہیں اور اس کے ساتھ کھیلتے ہیں۔ رانی کا کھانا دوسری مکھیوں کے کھانے سے کہیں زیادہ اچھا ہوتا ہے۔ اسے ہمیشہ خالص شہد کھلایا جاتا ہے۔ شاید انھیں باتوں کی وجہ سے رانی کی عمر بھی اور مکھیوں سے زیادہ ہوتی ہے۔ معمولی مکھیوں کی زندگی تو پانچ چھ ہفتوں کی ہوتی ہے لیکن رانی کی عمر عام طور پر پانچ چھ سال ہوتی ہے۔"

میں نے پوچھا: "ہر چھتّے میں صرف ایک ہی رانی ہوتی ہے؟"

اس نے کہا: "ایک چھتّے میں ایک ہی رانی رہتی ہے۔ اگر چھتّے کی رانی کو معلوم ہو جائے کہ وہاں کوئی دوسری رانی بھی موجود ہے تو وہ مرنے مارنے پر تُل جائے گی۔ یہ بات وہ کبھی برداشت نہیں کرسکے گی کہ اس کے راج پاٹ میں کوئی دوسری رانی دخل دے۔ اگر کبھی کوئی دوسری رانی چھتّے میں گھسنا چاہے تو دربان اسے ہرگز اندر نہیں آنے دیں گے۔ وہ چاہیں تو ایسے موقع پر اجنبی رانی کو اپنے ڈنک سے موت کے گھاٹ اتار سکتے ہیں لیکن رانی تو رانی ہی ٹھہری، چاہے وہ اپنے چھتّے کی ہو یا دوسرے چھتّے کی۔ اس لیے کوئی دربان مکھی یا مزدور مکھی کبھی رانی پر ڈنک نہیں اٹھاتی۔ اسی طرح ہر رانی اپنے کو رانی سمجھتی ہے، اور مزدور مکھی پر حملہ کرنے کے لیے کبھی اپنا ڈنک استعمال نہیں کرتی۔ انسانوں اور جانوروں پر کبھی ڈنک سے حملہ کرنا اس کی شان کے خلاف ہے۔ رانی کا ڈنک اور مکھیوں کی طرح سیدھا نہیں ہوتا،

اور یہ تو میں بتا ہی چکی ہوں کہ وہ اپنے ٹیڑھے ڈنک کو صرف اسی وقت استعمال کرتی ہے جب کسی رانی سے مقابلہ ہو جائے۔ اب تم یہ سوچو کہ اگر کوئی دوسری رانی چھتے میں گھسنے لگے تو وہ بان بیچارے ڈنک تو مار نہیں سکتے۔ پھر کیا کریں؟ ایسی حالت میں وہ یہ ترکیب کرتے ہیں کہ اجنبی رانی کے گرد گھیرا ڈال کے ڈٹ جاتے ہیں اور اُسے ایک طرح قید کر لیتے ہیں۔ اس قید خانے میں وہ رانی کو تقریباً چوبیس گھنٹے گرفتار رکھتے ہیں تاکہ وہ بھوک سے مرجائے۔ لیکن اسی عرصے میں اگر چھتے کی رانی وہاں پہنچ جائے تو ساری مکھیاں ادب سے ہٹ کر اسے راستہ دے دیتی ہیں۔ دونوں رانیوں کا آمنا سامنا ہوتے ہی جنگ شروع ہو جاتی ہے۔ سب مکھیاں دونوں رانیوں کے گرد گھیرا بنا کر جنگ کا تماشا دیکھتی ہیں۔ اس لڑائی میں دونوں رانیوں میں سے کوئی بھی شکست کھا کر بھاگ نہیں سکتی۔ جو بھاگنے لگتی ہے اس کا راستہ روک دیا جاتا ہے، اور اسے پھر لڑنے پر مجبور کیا جاتا ہے۔ یہاں تک کہ ایک رانی ماری جاتی ہے اور دوسری رانی چھتے کی ملکہ بنالی جاتی ہے۔ لیکن ایسی لڑائیوں میں اکثر یہی ہوتا ہے کہ چھتے کی رانی جیت جاتی ہے اس کی وجہ شاید یہ ہو کہ چونکہ وہ اپنے ہی چھتے میں ہوتی ہے اس لیے اُس کی ہمّت بڑھی رہتی ہے۔"

"یہی وجہ ہوگی۔" میں نے کہا۔ "وہ مثل ہے نا کہ اپنی گلی میں کتّا بھی شیر ہوتا ہے۔"

اس نے اپنی بات جاری رکھتے ہوئے کہا۔ "لیکن بھئی، رانی سے اتنی محبت ہوتے ہوئے بھی مکھیاں اگر اسے کچھ عرصے نہ پائیں تو وہ اُسے بہت جلدی بھول جاتی ہیں۔ اگر تم کسی چھتے سے رانی کو نکال لاؤ اور اس چھتے کی مکھیوں کو اتفاق سے کوئی دوسری رانی مل جائے، یا وہ خود دوسری رانی پیدا کر لیں، تو وہ پہلی رانی کو بھول جاتی ہیں۔ دو تین دن کے بعد تم پہلی رانی کو واپس بھیج کر دیکھو۔ اُس بیچاری کو وہاں کوئی پہچانے گا بھی نہیں، اور اس کے ساتھ وہی قیدیوں کا سا سلوک کیا جائے گا جو کسی باہر سے آئی ہوئی رانی کے ساتھ ہوتا ہے۔ اب تم سمجھ گئے ہوگے کہ چھتے کی مکھیاں کسی خاص رانی سے محبت نہیں کرتیں بلکہ جو مکھی بھی چھتے کی رانی ہو وہی ان کی محبت اور عزت کی مستحق ہوتی ہے اور اسی پر سب جان دینے کو تیار رہتی ہیں۔"

"پھر بھی یہ وفاداری کی بات ہے۔" میں نے کہا۔

وہ بولی: "بعض مرتبہ ایسا ہوتا ہے کہ رانی بہت بوڑھی یا کمزور ہو جاتی ہے۔ ایسی حالت میں مکھیاں انڈوں کی پرورش کر کے نئی رانی پیدا کرتی ہیں۔ اس نئی رانی کی حفاظت بہت ضروری ہوتی ہے کیونکہ نئی رانی جب بھی موقع پائے گی پرانی رانی سے گتھ جائے گی۔ ایک چھتے میں دو رانیاں کیسے رہ سکتی ہیں؟ اس لیے پرانی رانی کو رہنے کے لیے چھتے کے کسی دور کونے میں جگہ دے دی جاتی ہے، اور شاہی محل نئی رانی کو دے دیا جاتا ہے۔"

میں نے لقمہ دیا: "کہتے ہیں نا کہ ایک میان میں دو تلواریں نہیں رہ سکتیں۔"

"ہاں، یہی سمجھو۔" اس نے کہا۔ "رانی کی عزت کرنے کا ایک عجیب طریقہ اور بھی ہے اور وہ یہ کہ کوئی مکھی کبھی بھی رانی کی طرف پیٹھ نہیں کرتی اور جہاں تک ممکن ہوتا ہے، اپنا منہ رانی کے منہ کی طرف رکھتی ہے۔"

"اچھا۔" میں نے کہا: "یہ تو پرانے بادشاہوں کے دربار کا طریقہ ہے!"

مکھی نے سر جھک کر کہا: "تو کیا تم ہماری رانی کے دربار کو کسی بادشاہ کے دربار سے کچھ کم سمجھتے ہو؟" اتنا کہہ کر اس نے اپنے پر ہلائے اور بولی: "کل میں تمھیں اپنے یہاں کے ایک عجیب وغریب تہوار کا حال سناؤں گی۔ اب جاتی ہوں۔"

اس کے چلے جانے کے بعد میں بھی سر جھکائے ہوئے گھر میں آ گیا۔ رات بھر میں سوچتا رہا کہ شہد کی مکھیاں بھی تہوار مناتی ہیں! کیسا ہوتا ہوگا اُن کا تہوار؟

تیسری کہانی

عجیب تہوار

دوسرے دن صبح میں نے امّی کی نظر بچا کر اپنے ناشتے سے تھوڑا سا شہد نکال لیا تاکہ اسے اپنی مکھی کے لیے لے جا سکوں۔ سورج ڈھلتے میں باغ میں جا پہنچا۔ جوں ہی مکھی آئی میں نے اس سے کہا "آج میں تمھارے لیے تھوڑا سا شہد لایا ہوں پتا نہیں تمھیں پسند آئے گا یا نہیں"؟

شہد دیکھ کر وہ خوشی کے مارے اچھل پڑی اور بولی "شہد مجھے پسند کیوں نہیں آئے گا؟ میں شہد بناتی بھی ہوں اور کھاتی بھی ہوں۔ کیا تمھیں شہد پسند نہیں ہے؟ انسان تو ہمارا بنایا ہوا شہد اُس وقت سے کھا رہا ہے جب وہ جنگلوں اور غاروں میں رہا کرتا تھا۔ لاکھوں برس تک اپنے کھانوں میں مٹھاس پیدا کرنے کے لیے اُس کے پاس شہد کے علاوہ کوئی اور چیز نہیں تھی"۔

"ہاں، ایک دن دادا جان کہہ رہے تھے کہ دنیا کی تمام مٹھائیوں میں شہد سے زیادہ تندرستی دینے والی کوئی اور مٹھاس

نہیں ہے۔"

"ٹھیک ہی کہہ رہے تھے۔ اچھا، یہ شہد اس بڑے پتے پر رکھ دو۔ میں کہانی سُنانے کے بعد اسے تھوڑا تھوڑا کرکے اپنے چھتے میں لے جاؤں گی۔ اور ہاں، تم کھڑے کیوں ہو؟ بیٹھ کیوں نہیں جاتے؟"

میں نے بیٹھتے ہوئے کہا۔" یہ لو، میں بیٹھ گیا۔ آج تو تم اپنے "عجب تہوار" کی کہانی سناؤ گی نا؟"

وہ بولی:" لو ہمارے عجیب تہوار کی کہانی سنو۔ لیکن پہلے ذرا یہ بتاؤ کہ جب کڑاکے کی سردیوں کے بعد ہلکی ہلکی گرمیوں کے دن آتے ہیں اور درختوں اور پودوں میں کونپلیں پھوٹنے لگتی ہیں، اس وقت کون سا مہینہ ہوتا ہے؟"

میں نے کہا:" شروع فروری سمجھو۔"

وہ بولی۔" بس بس فروری کا مہینہ جوں ہی ذرا ذرا سی گرمی لیے ہوئے آتا ہے، ہمارے چھتوں میں کام شروع ہو جاتا ہے۔ چھتے کی مرمت ہونے لگتی ہے۔ شہد جمع کرنے کا کام شروع ہو جاتا ہے اور رانی انڈے دینا شروع کر دیتی ہے۔ ان انڈوں سے روزانہ ہزاروں مکھیاں پیدا ہونے لگتی ہیں، جس کا نتیجہ یہ ہوتا ہے کہ شہر کی آبادی ایک دم بہت زیادہ ہو جاتی ہے۔"

میں نے ٹوکا:" شہر؟ کس شہر کی آبادی؟"

وہ کہنے لگی:" یہ لیجیے، ارے بھئی، ہمارا چھتا ہمارا شہر ہے۔ تمہارے

شہروں میں کیا ہوتا ہے ؟ یہی نا کہ مکان اور عمارتیں ہوتی ہیں، لوگ مل جل کر رہتے ہیں، اور ضرورت کی ہر چیز مل جاتی ہے۔ اسی طرح ہمارے شہر میں بھی ننھے ننھے خوبصورت سوراخ ہمارے مکان ہوتے ہیں، اپنے شہر میں ہم سب مل جل کر رہتے ہیں، اور وہاں ہماری ضرورت کی سب چیزیں موجود رہتی ہیں۔ جب ہمارے شہر کی آبادی بہت بڑھ جاتی ہے تو رہنے کے لیے جگہ کی کمی پڑ جاتی ہے۔ نتیجہ یہ ہوتا ہے کہ بہت سی مکھیاں جب شہد جمع کر کے چھتے کو واپس آتی ہیں تو ان کے لیے اندر جگہ نہیں رہتی اور انھیں رات کی سردی میں چھتے کے باہر ہی رہنا پڑتا ہے۔ اور وہ مر جاتی ہیں۔ اسی طرح روزانہ رات میں بہت سی مکھیاں سردی سے ٹھٹھر کر مرتی رہتی ہیں

اس بات سے چھتے میں بڑی بے چینی پھیلتی ہے۔ سب سے زیادہ فکر رانی کو ہوتی ہے۔ اور کیوں نہ ہو؟ وہ چھتے کی رانی اور تمام مکھیوں کی ماں جو ٹھہری۔ آخر بہت سوچ بچار کے بعد وہ بہت سی مکھیوں کو ساتھ لے کر چھتا چھوڑ دینے کا فیصلہ کر لیتی ہے۔"

"ہمیشہ کے لیے؟" میں نے تعجب سے پوچھا۔

"ہاں ہمیشہ کے لیے۔" اس نے جواب دیا۔ ذرا اس کی یہ قربانی تو دیکھو۔ بیچاری نے کیسے مصیبت اور غریبی کے زمانے میں چھتا بنایا تھا۔ کیا کیا تکلیفیں جھیل کر اسے بسایا تھا۔ کتنے دنوں تک رانی کی حیثیت سے اس نے اس دیس پر راج کیا تھا۔ لیکن اب اُسے اپنا یہ

پیارا شہر ہمیشہ کے لیے چھوڑنا پڑے گا۔"

"رانی ہو کر وہ خود کیوں تکلیف اٹھاتی ہے؟ دوسری مکھیوں کو نکل جانے کا حکم کیوں نہیں دے دیتی؟" میں نے آنکھیں گھما کر پوچھا۔

مکھی بولی: "کہنے کو تو وہ رانی ہوتی ہے، اور رانیوں کی طرح اس کی عزت اور محبت بھی کی جاتی ہے۔ لیکن وہ حکم نہیں دے سکتی۔ حکم دینے والا کوئی اور ہوتا ہے۔ اسے تم "چھتے کا قانون" کہہ لو۔ لیکن ہمارا قانون تمھارے قانون کی طرح موٹی موٹی کتابوں میں لکھا نہیں ہوتا، اور نہ اس کو سمجھانے کے لیے وکیل، جج اور عدالتیں ہوتی ہیں۔ تمھارے یہاں اگر کوئی چوری چھپے گناہ کر لے تو تمھارا قانون اس کا کچھ نہیں بگاڑ سکتا۔ اگر تمھارے یہاں پولیس کے سپاہی اور جیل خانے کی اونچی اونچی دیواریں نہ ہوں تو بہت سے لوگ قانون کی پروا نہ کریں اور من مانی کرنے لگیں۔ لیکن ہمارے یہاں ہر چھتے کی ہر مکھی "چھتے کے قانون" کو جانتی اور مانتی ہے۔ زندگی کے ہر قدم پر ہم اپنے قانون کی عزت کرتے ہیں۔ یہ قانون ہی تو ہے جو چھتے میں ہر مکھی کے لیے کام مقرر کرتا ہے۔ کوئی مکھی شہد لاتی ہے، کوئی دربان ہوتی ہے، کوئی کاریگر یا درباری ہوتی ہے، کوئی چھتے کی صفائی کرتی ہے، تو کوئی انڈے بچوں کی دیکھ بھال۔"

میں نے کہا: "سچ مچ تمھارا قانون بڑی عجیب چیز ہے۔"

وہ فخر سے گردن اٹھا کر کہنے لگی: "اور کیا؟ اسی قانون کا حکم

رانی کو بھی ماننا پڑتا ہے۔ چنانچہ وقت آنے پر وہ چھتا چھوڑنے کی تیاری کرتی ہے۔ جن دنوں مکھیاں چھتا چھوڑتی ہیں، وہ چھتے کا بہترین زمانہ ہوتا ہے۔ اگر چھتا اچھا ہو تو اس میں تقریباً پچاس ساٹھ کلو شہد ایک لاکھ ننھے ننھے خانوں میں بھرا پڑا ہوتا ہے۔ چھتے کے دس پندرہ ہزار سوراخوں میں انڈے پڑے ہوتے ہیں، اور کوئی چالیس ہزار خانوں میں ننھے ننھے کیڑے پرورش پا رہے ہوتے ہیں۔ شاہی محل میں آٹھ دس ننھی ننھی جانیں زرد زرد ہار یک جھلی میں لپٹی ہوئی اندھیرے میں چپ چاپ پڑی رہتی ہیں۔ یہ ننھی ننھی جانیں شہزادیاں ہوتی ہیں، کچھ دنوں کے بعد انھی میں سے ایک اس چھتے کی رانی بننے والی ہوتی ہے۔"

میں نے پوچھا: "ایسا بھرا پرا چھتا چھوڑتے ہوئے مکھیوں کو بڑا رنج ہوتا ہوگا؟"

وہ بولی: "تم بھول گئے، میں نے تمھیں اس کہانی کا نام "عجیب تہوار" بتایا تھا۔ مکھیوں کی زندگی میں یہی تو ایک خوشی کا تہوار آتا ہے اس تہوار کی تیاری میں وہ دو تین دن پہلے سے چھتے سے نکلنا چھوڑ دیتی ہیں۔ تہوار کے دن وہ خوب ڈٹ کر کھاتی ہیں، اور بڑی خوشی مناتی ہیں تم پوچھو گے خوشی کیسی؟ لیکن سوچو کہ خوشی کیوں نہ ہو! وہ اپنے بچوں کے لیے ایسا بھرا پرا چھتا چھوڑ کر جا رہی ہیں کہ اب ان کی آنے والی نسل کو کوئی تکلیف نہیں ہوگی۔ یہ سوچ کر وہ خوش ہوتی ہیں کہ انھوں نے اپنے بچوں کا مستقبل سنوار دیا ہے۔ اور اپنا فرض پورا کر دیا ہے۔"

"ہے تو خوشی کی بات۔" میں نے کہا۔
وہ بولی: "مکھیوں کے چھتّا چھوڑنے کے بعد چھتّے میں بالکل خالی سا چھا جاتی ہے اور وہاں صرف چند مکھیاں انڈے بچوں کی دیکھ بھال کے لیے رہ جاتی ہیں۔ ان کے علاوہ چند نر یا نکھٹو مکھیاں بھی چھتّے میں رہ جاتی ہیں، اس لیے کہ نئی رانی کے پیدا ہونے کے بعد ان ہی نر مکھیوں میں سے ایک کے ساتھ رانی کی شادی ہوتی ہے۔ چنانچہ نر مکھیاں چھتّا چھوڑنے والی رانی کے ساتھ نہیں جاتیں۔"
چھتّے میں رہ جانے والی مکھیاں اس تہوار میں کوئی حصّہ نہیں لیتیں۔ انھیں اپنی بہنوں کے جانے کا نہ تو غم ہوتا ہے نہ خوشی۔ وہ اپنے اپنے کام میں لگی رہتی ہیں کیونکہ وہ سمجھتی ہیں کہ جو کچھ کیا جا رہا ہے، وہ بھلائی کے لیے کیا جا رہا ہے۔ مکھیوں کے چلے جانے کے بعد وہ بہت اطمینان سے سارا کام کاج سنبھال لیتی ہیں۔"
"جس دن یہ تہوار ہوتا ہے، اُس دن سورج نکلنے سے پہلے ہی چھتّے میں ہل چل سی پڑ جاتی ہے۔ جانے والی مکھیاں مل کر خوشی کے گیت گاتی ہیں۔"
میں نے ٹوکا: "میں نے تو شہد کی مکھیوں کو گیت گاتے کبھی نہیں سنا۔ ہمیشہ بھنبھناتے ہی سُنا ہے۔"
"تم نے کبھی غور سے نہیں سنا ہوگا۔" اس نے کہا: "جس طرح تم اپنے منہ سے طرح طرح کی آوازیں نکال سکتے ہو اسی طرح مکھیاں بھی

اپنے پروں سے قسم قسم کی آوازیں پیدا کر سکتی ہیں۔ خوشی، غم، غصہ بے چینی، غرض جیسا موقع ہوتا ہے اسی کے مطابق مکھیوں کی بھنبھناہٹ بھی ہوتی ہے۔ کبھی کبھی ہم اپنی رانی کو گانا سُناتے ہیں۔ جب ہمارے یہاں خوب شہد جمع ہو جاتا ہے تو ہم میٹھے میٹھے گیت گاتے ہیں۔ اگر کبھی کوئی آفت یا مصیبت آ جائے تو ہماری آواز دکھ بھری ہوتی ہے۔ جب کبھی ہمارے یہاں جنگ ہوتی ہے تو ہم جوش دلانے والے گانے گاتے ہیں۔" چھتّا چھوڑنے سے پہلے ہمارے گانے بالکل دوسری طرح کے ہوتے ہیں۔ مسرّت کے نغمے۔"

"ہاں! تو اگر تم کبھی مکھیوں کو چھتّا چھوڑتے دیکھو تو سوچو گے کہ یہ بھی عجیب بیوقوف جانور ہیں۔ ایسا اچھا خاصا چھتّا چھوڑ کر نہ معلوم کہاں جا رہی ہیں۔ لیکن یہ بیوقوفی نہیں بلکہ آپس کی محبت ہے جس کی وجہ سے مکھیاں شہر سے بھرا چھتّا چھوڑ کر جانے پر مجبور ہو جاتی ہیں اگر اس کا ثبوت چاہتے ہو تو یہ کر سکتے ہو کہ چھتّے کے تمام انڈے توڑ ڈالو، اور ننھی مکھیوں کو مار ڈالو۔ تم دیکھو گے کہ مکھیاں چھتّا چھوڑنے کا ارادہ ترک کر دیں گی۔ وہ چھتّا چھوڑ کر نہیں جائیں گی اور رانی پھر انڈے دینے شروع کر دے گی۔ جب انڈے بچے ہی ختم ہو گئے تو وہ کس کے لیے چھتّا چھوڑ کر جائیں؟ اب تمھیں بتاؤ کہ کیا مکھیوں کا چھتّا چھوڑنا بیوقوفی ہے؟

میں نے کہا: "نہیں، دوسروں کو شکھ پہنچانے کے لیے خود دُکھ

جھیلنا بڑی بہادری کا کام ہے اور سچی محبت اسی کو کہتے ہیں۔ ہاں، تم وہ کیا بتا رہی تھیں؟ چھتا چھوڑنے والی بات؟"

مکھی نے کہا: "ہاں، تو چھتے کی سب مکھیاں خوش خوش چلنے کی تیاری شروع کرتی ہیں، اور ہر مکھی اپنے ساتھ اتنا شہد لے لیتی ہے کہ اس کی پانچ چھ روز کی خوراک کے لیے کافی ہو۔ لیکن مکھیاں یہ شہد کھانے کے لیے نہیں، بلکہ موم بنانے کے لیے لے جاتی ہیں۔ کیونکہ نیا چھتا بنانے کے لیے موم کی ضرورت پڑتی ہے۔"

"ہر مکھی جانتی ہے کہ چھتا چھوڑنے کے بعد بڑے بڑے خطرے پیش آ سکتے ہیں۔ اگر ذرا سی بارش ہو جائے، یا آندھی یا تیز ہوا چل جائے، یا سردی پڑ جائے تو انھیں کہیں پناہ نہ مل سکے گی، اور وہ تڑپ تڑپ کر مر جائیں گی۔ لیکن ان ننھی جانوں کی ہمت تو دیکھو کہ ہر آفت کا مقابلہ کرنے کے لیے تیار رہتی ہیں۔ چھتا چھوڑنے کے بعد وہ اپنی پچھلی زندگی اور اس کے عیش و آرام کو کبھی یاد نہیں کرتیں اور چاہے کیسی ہی مصیبت آ جائے، اپنے پرانے چھتے میں کبھی واپس نہیں جاتیں۔ کسی آفت یا مصیبت کے وقت وہ چپ چاپ اپنی رانی کے گرد جمع ہو جاتی ہیں اور ایک ایک کر کے موت کی نیند سو جاتی ہیں۔ ہر مکھی کو آخری سانس تک صرف ایک ہی دھن رہتی ہے اور وہ یہ کہ رانی کو کسی قسم کی تکلیف نہ پہنچے۔"

"چھتا چھوڑتے وقت مکھیاں کرتی کیا ہیں؟" میں نے پوچھا۔

وہ بولی: "اپنا اپنا شہد لے کر گیت گاتی ہوئی وہ چھتے کے اندر

باہر آنا جانا شروع کرتی ہیں۔ کبھی ہوا میں بہت اوپر اڑتی ہیں، کبھی چھتے پر ٹہلنے لگتی ہیں۔ وہ بار بار آ کر دیکھتی ہیں کہ رانی چلنے کی تیاری ختم کر چکی یا نہیں۔ اس ہل چل کی وجہ سے چھتے میں گرمی اتنی بڑھ جاتی ہے کہ موم کچھ کچھ پگھلنے لگتی ہے۔ آخر کار رانی چھتے سے باہر آتی ہے۔ اُسے دیکھ کر لگتا ہے کہ وہ کچھ پریشان سی ہے۔ مگر جلد ہی اس کی پریشانی دور ہو جاتی ہے۔ ایک بڑے زور کی گونج ہوتی ہے اور مکھیاں بھن بھن کرتی ہوئی ایک ساتھ چھتا چھوڑ دیتی ہیں۔ کچھ دیر چھتے کے گرد چکر لگانے کے بعد وہ ہوا میں اوپر اٹھنا شروع کرتی ہیں۔ اس قافلے میں سب سے آگے رانی ہوتی ہے۔ کچھ ہی دور جا کر رانی تھک جاتی ہے کیوں کہ اس کے پیٹ میں انڈے ہوتے ہیں اور وہ بہت دیر تک نہیں اُڑ سکتی۔ دوسرے یہ کہ رانی کو اڑنے کی عادت بھی نہیں ہوتی۔ اس لیے یہ سارا قافلہ کسی درخت کی شاخ پر یا کسی اور جگہ پر اُتر جاتا ہے۔ اس کے بعد کچھ مکھیاں مختلف سمتوں میں اس غرض سے بھیجی جاتی ہیں کہ چھتا بنانے کے لیے کوئی اچھی جگہ تلاش کریں۔ تھوڑی دیر میں یہ مکھیاں واپس آ کر اپنی اپنی پسند کی ہوئی جگہیں بتاتی ہیں، اور ساتھ ہی ساتھ اس جگہ کی خوبیاں بھی بیان کرتی ہیں۔ پھر آپس میں مشورے ہوتے ہیں، اور پھر رات بھر غور کرنے کے بعد ایک جگہ پسند کر لی جاتی ہے۔ صبح ہوتے ہی سارا قافلہ اُس جگہ جا پہنچتا ہے۔ جگہ کو اچھی طرح دیکھ بھال لینے کے بعد چھتا بنانے کی تیاری شروع ہو جاتی ہے، اور نئی بستی بسانے کے لیے تمام مکھیاں

اپنے اپنے کاموں میں لگ جاتی ہیں۔"

یہ کہہ کر وہ رُک گئی۔ پھر بولی: "نئی بستی کی کہانی اب کل سننا۔ آج کی کہانی کافی لمبی ہو گئی۔"

" میں "اچھا" کہہ کر وہاں سے چلنے ہی کو تھا کہ مکھی بولی: "سنو، تمھارا شہد بہت عمدہ ہے، اگر ہو سکے تو کل تھوڑا سا اور لیتے آنا۔"

میں نے کہا: "تم مجھے امی سے پٹوا دو گی کیا؟ آج تو میں ان سے چھپا کر تمھارے لیے شہد لیتا آیا تھا۔ اگر کل بھی موقع مل گیا تو ضرور لے آؤں گا۔ بس ذرا ان کے پکڑے جانے کا ڈر ہے۔ ورنہ میرا بس چلے تو میں تمھیں شہد میں نہلا دوں۔"

چوتھی کہانی

نئی بستی

دوسرے دن سمّو بھائی کے ساتھ ناشتہ کرنا پڑا اور ناشتے کی میز پر ذرا بھی شہد نہیں بچا۔ اب مجھے بڑی فکر ہوئی۔ دوپہر کو جب سب لوگ سو گئے تو میں باورچی خانے میں پہنچا۔ وہاں الماری کے اوپر کے خانے میں، مرتبان میں شہد رکھا تھا۔ الماری کافی اونچی تھی۔ میں نے اُچک کر شہد کا مرتبان اُتارنا چاہا تو وہ زمین پر آرہا۔ مرتبان کے ٹکڑے ہو گئے اور سارا شہد بہہ گیا۔ میرا اندر کا سانس اندر اور باہر کا باہر رہ گیا۔ پھر میں نے سوچا کہ جو ہونا تھا سو ہو گیا۔ اب شہد تو لیتا ہی چلوں۔ بس میں نے جلدی سے ایک کاغذ پر تھوڑا سا شہد رکھا اور باورچی خانے سے نکل یہ جا وہ جا۔

میں باورچی خانے سے نکلا ہی تھا کہ سلیمن ماما مرتبان گرنے کی آواز سن کر دوسری طرف سے باورچی خانے میں داخل ہوئیں اور مرتبان ٹوٹا دیکھ کر بڑبڑانے لگیں "یہ موئے چوہے غارت ہو جائیں ناک میں دم کر دیا ہے۔ اب دیکھو شہد کا مرتبان توڑ ڈالا۔ آگ لگ جائے ان کے گھروں میں۔ بی بی سے کوئی پچاس مرتبہ تو کہا ہی ہوگا کہ ایک چوہے

دال منگوا دو۔ مگر کوئی دھیان ہی نہ دے تو بھلا میں کیا کروں؟
میں نے سوچا، چلو بلا ٹلی۔ اب سارا غصّہ چوہوں پر اُتارا جائے گا۔
شام کو میں نے شہد لے جا کر مکھی کو دیا اور اسے سارا قصّہ سنایا۔ شہد پا کر وہ بہت خوش ہوئی۔ میں نے اُسے خوش دیکھ کر کہا "بی مکھی ایک بات پوچھوں؟ خفا تو نہیں ہو جاؤ گی؟"
اس نے کہا "نہیں خفا کیوں ہونے لگی؟ ضرور پوچھو"۔
میں نے کہا "ایک دن ہمارے ماسٹر صاحب کہہ رہے تھے کہ شہد کی مکھی بہت بیوقوف ہوتی ہے۔ پھر انھوں نے یہ بات ایک تجربے سے ثابت کی۔ انھوں نے یہ کیا کہ ایک بوتل میں ایک شہد کی مکھی اور ایک گھریلو گندی مکھی ڈال دی۔ پھر کمرے کے سارے دروازے بند کر دیے، اور صرف ایک کھڑکی کھلی رکھی۔ اس کے بعد انھوں نے اس بوتل کو کھڑکی پر اس طرح لٹا دیا کہ اس کا منہ تو کمرے کی طرف تھا اور پیندی باہر کی طرف۔ کمرے میں کھڑکی سے جو ذرا ذرا روشنی آ رہی تھی، وہ بوتل کی پیندی پر پڑ رہی تھی، اور بوتل کا منہ اندھیرے میں تھا۔ تھوڑی دیر کے بعد گھریلو مکھی تو بوتل کے منہ سے نکل گئی لیکن شہد کی مکھی اس چھوٹے سے قید خانے میں بھن بھن کرتی چکّر کاٹتی رہی۔ ماسٹر صاحب بولے "دیکھا تم نے گھریلو مکھی عقلمند تھی، راستہ ڈھونڈ کر نکل گئی۔ لیکن شہد کی مکھی کم عقل ہے، اور اسے اب تک راستہ نہیں مل سکا ہے؟ انھوں نے تین چار مرتبہ یہ تماشہ دکھایا لیکن ہر

مرتبہ یہی ہوا۔"

مکھی ہنس کر بولی: "تم نے جو کچھ دیکھا وہ تو ٹھیک تھا لیکن تم نے جو نتیجہ نکالا وہ الٹا ہے۔ میاں! یہ تو شہد کی مکھی کی عقل مندی کا ثبوت ہے گھریلو مکھی بوتل میں بیوقوفوں کی طرح ہر طرف راستہ ٹٹولتی پھری اور اُسے راستہ مل گیا، لیکن شہد کی مکھی نے عقل کا استعمال کیا اور سوچا کہ راستہ ادھر ہی ہوگا جدھر سے روشنی آ رہی ہے، اس لیے وہ بیچاری بوتل کی پیندی ہی کی طرف چکر لگاتی رہی۔"

"شاید تم ٹھیک کہہ رہی ہو۔" میں کہا۔

"شاید کیوں؟ میں یقیناً ٹھیک کہہ رہی ہوں۔ تم نے شہد کی مکھیوں کی عقل کا ذکر چھیڑا ہے تو تمھیں ایک بات اور بتاتی ہوں۔ شہد کی مکھیوں میں ایسی عقل ہوتی ہے کہ وہ ایک دوسرے کی بات بہت جلد سُن لیتی اور سمجھ جاتی ہیں۔ چھتے میں ہر اچھی یا بُری خبر اتنی جلدی اس سرے سے اُس سرے تک پھیل جاتی ہے کہ تم اندازہ بھی نہیں کر سکتے خیر، یہ بھی چھوڑو۔ اگر شہد کی مکھی کی عقلمندی کا ثبوت دیکھنا چاہتے ہو تو ایسا کرو کہ تھوڑا سا شہد رکھ دو۔ اگر اس شہد پر کوئی شہد کی مکھی آئے گی تو وہ اس میں سے شہد لے کر سیدھی اپنے چھتے کی طرف نہیں بھاگے گی، بلکہ کچھ اوپر اڑ کر تھوڑی دیر وہیں چکر کاٹے گی تاکہ اسے وہ جگہ اچھی طرح یاد ہو جائے۔ اور جب وہ دوبارہ لوٹے تو اسے جگہ تلاش نہ کرنی پڑے۔

میں نے کہا: "اچھا! میں مان لیتا ہوں کہ شہد کی مکھیاں بہت عقل مند ہوتی ہیں؟"

وہ بولی: "مانو گے نہیں تو اور کیا کرو گے۔ تمھیں پتا ہے کہ ایک مکھّی پھولوں کا رس چھتّے میں لانے کے بعد دوسری مکھیوں کو ان پھولوں کا پتا بتانے کے لیے ایسا رقص کرتی ہے۔ جس سے سمت اور فاصلہ دونوں معلوم ہو جاتا ہے۔"

میں نے کہا: "اچھا۔ تمھارے پاس اس کا کیا جواب ہے کہ شہد کی مکھّی خود غرض، لالچی اور بے رحم ہوتی ہے۔ ہمارے ماسٹر صاحب نے بتایا تھا کہ اگر چھتّے کے باہر کسی جگہ کچھ مکھیاں جمع ہوں اور کوئی انھیں ایک ایک کر کے مار ڈالے تو باقی مکھیوں پر کچھ بھی اثر نہیں ہوتا اور وہ اپنی بہنوں کی مدد کرنے کے بجائے، لالچیوں کی طرح مری ہوئی مکھیوں کے جسم پر لگا ہوا شہد چاٹنے لگتی ہیں۔"

یہ سن کر وہ بگڑ گئی۔ کہنے لگی: "یہ تو چھتّے کے باہر کی بات ہے نا؟ ذرا چھتّے کے اندر کسی مکھّی کو چھیڑ کر دیکھو۔ سب کی سب اپنی جان پر کھیل کر بدلہ لینے کو تیار ہو جائیں گی۔ مکھیوں کو لالچی، خود غرض اور بے رحم کہتے ہوئے تمھیں شرم نہیں آتی؟"

میں نے کہا: "یہ لو، تم تو خفا ہو گئیں۔ اسی لیے تو میں نے تم سے پہلے ہی کہہ دیا تھا کہ بُرا نہ ماننا۔"

وہ ذرا نرم ہو کر بولی: "نہیں بھئی، میں خفا نہیں ہوئی۔ بات یہ ہے

کہ مکھی کی دنیا اس کا چھتا ہے۔ چھتے کے باہر اس کی دنیا ہی بدل جاتی ہے۔ چھتے سے نکلنے کے بعد اسے صرف ایک ہی خیال رہتا ہے اور وہ یہ کہ زیادہ سے زیادہ شہد جمع کر کے چھتے میں لے جائے وہ کسی لالچی کی طرح شہد جمع نہیں کرتی بلکہ ایک بہادر اور بے غرض سپاہی کی طرح اپنا کام کرتی ہے چھتے کے باہر وہ دھوئیں کے سوا کسی چیز سے نہیں ڈرتی۔ اپنی کسی بہن کو مردہ پاکر بھی وہ بہادری سے اس کے پاس جاکر اس کا شہد جمع کر لیتی ہے۔ شہد یا مٹھائی پر بیٹھی ہوئی مکھی کو دیکھ کر تم سمجھتے ہو گے کہ وہ خوب مزے لے لے کر شیرینی کھا رہی ہے لیکن وہ شیرینی کھاتی نہیں ہوتی بلکہ اسے اپنے پیٹ کی چھوٹی چھوٹی تھیلیوں میں جمع کرتی رہتی ہے تاکہ چھتے میں لے جا سکے۔ اب تمھیں بتاؤ کہ مکھیوں کو لالچی، بے رحم یا خود غرض کہا جا سکتا ہے؟

میں نے کہا "میں دیکھ رہا ہوں کہ میری بات تمھیں بہت کڑوی لگ گئی۔ میں معافی چاہتا ہوں۔ مجھے معاف کرو۔ اور اب ذرا نئی بستی کے بننے کا حال سناؤ"

وہ بولی "ہاں دیکھو نا، بات کہاں سے کہاں پہنچ گئی۔ خیر، کل میں نے تمھیں یہ تو بتایا ہی تھا کہ مکھیوں کا یہ قافلہ چھتا بنانے کے لیے کسی درخت کا کھوکھلا تنا، یا کوئی شاخ، یا کوئی مینار، یا کوئی اور محفوظ جگہ پسند کر لیتا ہے۔ اس نئی جگہ پر کچھ نہیں ہوتا۔ لیکن مکھیاں خواہ مخواہ اداس ہونا نہیں جانتیں۔ وہ بڑی ہمت ور ہوتی ہیں اور جوش و خروش سے

نئی بستی بسانے کی تیاری شروع کر دیتی ہیں۔ بہت سی مکھیاں ایک دوسرے کو پکڑ کر لمبی لمبی زنجیریں بنا لیتی ہیں۔ یہ زنجیریں ایک دوسرے سے لپٹ کر ایک گنبد کی شکل میں تبدیل ہو جاتی ہیں لیکن مکھیوں کا یہ گنبد تمھاری عمارتوں کے گنبد جیسا نہیں ہوتا، بلکہ کچھ چپٹا ہوتا ہے، اور اس کی نوک آسمان کی طرف نہیں بلکہ زمین کی طرف ہوتی ہے۔ اس گنبد کے بنتے ہی گنبد کی ساری مکھیاں بالکل خاموش ہو جاتی ہیں اور تمام شور ایک دم ختم ہو جاتا ہے۔"

"لیکن چھتے کی کچھ مکھیاں اس گنبد کے بننے بنانے میں کوئی حصہ نہیں لیتیں اور الگ بیٹھی تماشا دیکھتی رہتی ہیں۔ گنبد کے بنتے ہی وہ اس کے چاروں طرف ٹہل ٹہل کر اس کا معائنہ کرتی ہیں۔ پھر بڑی ہوشیاری سے آس پاس کی جگہ صاف کرتی ہیں یہاں تک کہ اس جگہ پر کوئی بھی سوکھی پتی یا تنکا یا گندگی باقی نہیں رہتی۔ تمھیں ایک بات اور بتاؤں؟ شہد کی مکھیاں بہت صفائی پسند اور سگھڑ ہوتی ہیں۔ گندگی انھیں ایک آنکھ نہیں بھاتی۔ صرف نر یا نکھٹو مکھیاں ہیں جو چھتے میں گندگی پھیلاتی رہتی ہیں۔ ہاں تو صفائی ہو چکنے کے بعد سوراخوں اور درزوں کے بند کرنے کا کام شروع ہوتا ہے۔ اس کے بعد چھتے کی ارد گرد کی جگہ کو وارنش کر کے اسے خوب چکنا کر دیا جاتا ہے اور دربان مکھیاں پہرے پر لگا دی جاتی ہیں۔"

"خوب۔" میں نے کہا۔

وہ بولی: "ادھر تو یہ کام ہوتے رہتے ہیں اُدھر لسانی انڈے دینے کے لیے اس قدر بے چین ہوتی ہے کہ چھتا بننے سے پہلے ہی زمین پر انڈے دینے شروع کر دیتی ہے۔ بکھیوں کو بھی اس بات کی فکر ہوتی ہے کہ کم سے کم مسالے میں جلد سے جلد چھتا بن کر تیار ہو جائے۔ لیکن دیکھنے سے ایسا معلوم ہوتا ہے کہ مکھیاں گنبد بنا کر سو گئی ہیں کیوں کہ کسی مکھی میں ذرا بھی حرکت نہیں ہوتی۔ تھوڑی دیر میں عجب تماشہ نظر آتا ہے بکھیوں کے اس گنبد پر کسی چیز کا ہلکا ہلکا پردہ پڑنے لگتا ہے۔ یہ پردہ اُس موم کا ہوتا ہے جو مکھیاں اُس شہد سے بناتی ہیں جو وہ اپنے پُرانے چھتے سے اپنے ساتھ لے آتی ہیں۔ لیکن یہ موم اُس موم جیسی نہیں ہوتی جسے تم نے اکثر دیکھا ہوگا۔ یہ برف سے زیادہ سفید اور روئی سے زیادہ ہلکی ہوتی ہے۔ دیکھنے میں ایسی لگتی ہے جیسے پھولوں کی روح یا شہد کی جان نکال کر رکھ دی گئی ہو۔"

"شہد سے موم کس طرح بن جاتی ہے؟" میں نے پوچھا۔

مکھی اپنی مونچھیں ہلا کر بولی: "یہ بات تمھاری سمجھ میں نہیں آسکے گی کیونکہ تم شہد سے موم بنتے کبھی دیکھ نہیں سکتے۔ جو کچھ ہوتا ہے ہمارے اندھیرے گھُپ چھتّوں کے اندر ہوتا ہے۔ بس تم یہ سمجھ لو کہ شہد سے موم بنانے کے لیے مکھیاں چھتے میں اتنی گرمی پیدا کرتی ہیں جیسے کسی سلگتی بھٹی کی آنچ۔"

"اور موم کتنی دیر میں تیار ہو جاتا ہے؟" میں نے پھر سوال کیا۔

وہ بولی: "اٹھارہ سے چوبیس گھنٹوں میں ہر مکھی کے پیٹ پر موم ننھی ننھی گولیوں کی شکل میں نظر آنے لگتا ہے۔ موم بنانے کے بعد مکھیوں کے اس جھنڈ میں سے ایک مکھی نکل کر بڑی پھرتی سے گنبد کی چوٹی پر جا پہنچتی ہے اور اپنے سر کا زور لگا کر دوسری مکھیوں کو وہاں سے ہٹا دیتی ہے۔ پھر اپنی ٹانگوں اور منہ کی مدد سے وہ اپنے پیٹ پر لگی ہوئی موم نکال کر اسے خوب گوندھ کر ایک ٹکیا بناتی ہے اور اسے گنبد کی چوٹی پر چپکا دیتی ہے۔ اس کے بعد وہ مکھیوں کی بھیڑ میں غائب ہو جاتی ہے۔ اب دوسری مکھی آتی ہے اور وہ بھی اسی طرح موم کی ٹکیا چپکا کر چلی جاتی ہے۔ غرض یہ کہ یوں ہی ہر مکھی اپنے حصے کا موم لا کر جمع کرتی جاتی ہے۔"

"لیجیے موم تو جمع ہو گئی لیکن ابھی مکان بننے باقی ہیں۔ اب جھنڈ میں سے ایک مکھی نکل کر گنبد کی چوٹی پر چڑھ جاتی ہے۔ ساری مکھیاں اسے اس طرح دیکھتی ہیں گویا وہ کوئی بہت ہوشیار معمار یا کاریگر ہو۔ یہ مکھی چوٹی پر پہنچتے ہی موم میں سوراخ کر کے اس سوراخ سے نکلی ہوئی موم باہر پھیلا دیتی ہے۔ سوراخ بنا کر وہ بھیڑ میں غائب ہو جاتی ہے اس سوراخ کو تم بستی کا پہلا مکان سمجھو۔ پھر بہت سی مکھیاں باری باری آتی ہیں اور ایک ایک سوراخ بناتی جاتی ہے۔ چھتے کے تمام سوراخ ایک دوسرے کے بالکل برابر ہوتے ہیں اور ایسا معلوم ہوتا ہے کہ انھیں بہت ناپ تول کر بنایا گیا ہے ہر سوراخ شش پہل یا چھ

کو بنایا جاتا ہے۔ اس پہلے گنبد میں سوراخ بن جانے کے بعد گنبد پر موم کی ایک اور تہ بچھائی جاتی ہے، اور اس میں بھی سوراخ بنائے جاتے ہیں غرض جتنا بڑا چھتا بنانا ہوتا ہے، اتنی ہی موم کی تہیں بچھائی جاتی ہیں لیکن ایک تہہ پر دوسری تہہ بچھاتے وقت اس بات کا خیال رکھا جاتا ہے کہ ایک سوراخ سے دوسرے سوراخ تک جانے کا راستہ بند نہ ہو جائے چھتا تیار ہو جانے کے بعد اس کی شکل ایسی ہو جاتی ہے جیسے کسی دیوار میں ہر طرف سوراخ کر دیے گئے ہوں۔"

"ہاں لگتا تو ایسا ہی ہے۔" میں نے کہا۔

وہ بولی: "مکھیاں اپنے چھتے میں تین قسم کے سوراخ بناتی ہیں۔ ایک تو شاہی محل جو باقی سوراخوں سے زیادہ آرام دہ اور ... ہوتے ہیں۔ دوسرے، بڑے مکان جن میں نر مکھیاں رہتی ہیں اور جو گودام کا کام بھی دیتے ہیں۔ تیسرے، وہ ننھے ننھے سوراخ، جن میں یا تو مزدور مکھیاں رہتی ہیں یا شہد کا ذخیرہ جمع کیا جاتا ہے۔"

پھر وہ ذرا تیز لہجے میں بولی: "شہد کی مکھیاں کم سے کم موم کی مدد سے اور کم سے کم جگہ میں زیادہ سے زیادہ مکان تیار کر لیتی ہیں۔ اس لیے انھیں جو بیوقوف کہے وہ خود بیوقوف ہوگا۔"

میں نے سوچا کہ میری بات اسے بہت بری لگی ہے اور اس کا غصہ ابھی تک دور نہیں ہوا ہے۔ "ارے بابا! معاف کر دو نا!" میں نے کہا۔

وہ مسکرائی اور بولی۔ "چھتّا بنانے کا کام ایک مرتبہ شروع ہونے کے بعد دن رات جاری رہتا ہے۔ مکھیوں کو بس یہی دھن سوار رہتی ہے کہ چھتّا جلد سے جلد تیار ہو جائے۔ یہ تو میں نے تمھیں بتایا ہی تھا کہ رانی بھی انڈے دینے کے لیے بے چین ہوتی ہے۔ چھتّے کے سوراخوں کی پہلی قطار تیار ہوتے ہی وہ اپنے درباریوں اور پہرہ داروں کے ساتھ وہاں جا پہنچتی ہے، اور ان سوراخوں میں انڈے دینا شروع کر دیتی ہے۔ انڈا دیتے وقت اس کا سر سوراخ کے باہر رہتا ہے، اور درباری اور پہرے دار محبت سے اسے چومتے اور پیار کرتے رہتے ہیں، اور اپنی ٹانگیں اور پر اس کے جسم پر پھیرتے رہتے ہیں۔ اس طرح رانی ہر سوراخ میں انڈے دیتی ہے، لیکن انڈا دینے سے پہلے وہ سوراخ میں سر ڈال کر دیکھ لیتی ہے کہ وہ سوراخ انڈا دینے کے لیے ٹھیک بھی ہے یا نہیں، یا یہ کہ کہیں ایسا تو نہیں کہ وہ ایک ہی سوراخ میں دوبارہ انڈے دے رہی ہو جب وہ سارے چھتّے میں انڈے دے چکتی ہے تو پھر انھیں سوراخوں میں دوبارہ انڈے دینے کے لیے پھر پہلے سوراخ پر واپس آتی ہے۔ اس وقت تک پہلے انڈے کی مکھی بن چکی ہوتی ہے اور سوراخ خالی ہو چکا ہوتا ہے۔"

میں نے کہا "مطلب یہ ہے کہ بیچاری رانی کو بڑی محنت کرنی پڑتی ہے۔"

وہ کہنے لگی "ہاں بھئی، بیچاری دن رات انڈے دیتی رہتی ہے۔

لیکن اس محنت کے بدلے میں سارا چھتّا اس سے بڑی محبّت کرتا ہے اور اس کی بہت عزت کرتا ہے۔ یہاں تک کہ رانی کا کھانا بھی اور مکھیوں کے کھانے سے بہتر ہوتا ہے اور یہ کھانا رانی کے درباری بڑی محبت سے لقمہ بنا بنا کر اُسے کھلاتے ہیں۔"

میں نے پوچھا: "اچھا یہ بتاؤ کہ سب انڈے ایک ہی طرح کے ہوتے ہیں یا نر مکھیوں، رانیوں، اور مزدور مکھیوں کے انڈے الگ الگ قسم کے ہوتے ہیں؟"

وہ بولی: "یہ تو تم نے بڑی عقلمندی کا سوال پوچھا۔ انڈے تو سب ایک ہی طرح کے ہوتے ہیں لیکن جس طرح کے مکان میں ان کی پرورش ہوتی ہے۔ ان سے ویسی ہی مکھیاں پیدا ہوتی ہیں۔ مزدور مکھیوں کے مکان سے مزدور مکھی پیدا ہوتی ہے، شاہی محل سے رانی، اور نر مکھیوں کے سوراخ سے نکھٹو پیدا ہوتے ہیں۔"

"یہ انڈے ہوتے کیسے ہیں؟" میں نے پوچھا۔

"بہت ننھے ننھے، ہلکے نیلے رنگ کے۔" وہ بولی۔

"رانی کتنے انڈے دیتی ہوگی؟" میں نے سوال کیا۔

"اس نے جواب دیا۔ "سال بھر میں کوئی دس لاکھ انڈے۔"

"دس لاکھ!" میں نے تعجب سے کہا۔

"ہاں ہاں، دس لاکھ۔ اچھا اب میں چلتی ہوں۔" یہ کہہ کر

وہ چلی گئی، اور میں بڑی دیر تک وہیں بیٹھا سوچتا رہا۔ دس لاکھ انڈے — اُف وہ — ایک سال میں دس لاکھ انڈے۔

پانچویں کہانی

ننّھی رانیاں

دوسرے دن دوپہر کو مجھے نیند آگئی۔ آنکھ کھلنے پر جو دیکھا تو پانچ بج رہے تھے۔ میں ہڑبڑا کر اٹھا اور آنکھیں ملتا باغ میں پہنچا۔ مکھی میرا انتظار کر رہی تھی۔ کہنے لگی: "میں تو تمھارے انتظار میں بالکل سوکھ گئی۔ کہاں رہ گئے تھے تم؟"

میں نے جماہی لے کر کہا: "بات یہ ہوئی کہ دوپہر میں نیند آگئی تھی اور ایسا سویا کہ ابھی ابھی آنکھ کھلی ہے۔ یہ سمجھو کہ اٹھتے ہی سیدھا تمھارے پاس چلا آرہا ہوں۔"

اس نے کہا: "اچھا اب آج کی کہانی سن لو اس لیے کہ شام ہوا چاہتی ہے۔ اتنا وقت تو تم نے سو کر گنوا دیا۔ اب رہا سہا وقت گپوں میں ضائع کر دو گے تو چھتے کی کہانی رہ جائے گی۔ میں تم سے ننّے چھتے کی باتیں کر رہی تھی۔ اب ذرا پرانے چھتے کا حال سنو۔"

"کون سا پرانا چھتا؟" میں نے پوچھا۔

وہ بولی: "ارے، وہی جسے مکھیاں چھوڑ کر چلی گئی تھیں اور جس میں صرف کچھ مزدور مکھیاں، کچھ نر مکھیاں، اور ہزاروں انڈے رہ

گئے تھے۔"

میں نے کہا۔ "اچھا۔ تو پھر اس پرانے چھتے میں کیا ہوتا ہے؟"
وہ کہنے لگی۔ "جب رانی کے ساتھ بہت سی مکھیاں چھتا چھوڑ کر چلی جاتی ہیں تو چھتے میں ایک خاموشی اور اُداسی سی چھا جاتی ہے۔ اور کیوں نہ ہو؟ چھتے کی تقریباً دو تہائی آبادی غائب ہو چکی ہوتی ہے اور باقی بچی ہوئی ایک تہائی مکھیاں چھتے کا سارا کام کاج بہت خاموشی سے سنبھال لیتی ہیں۔ لیکن اس خاموشی میں امید کی جھلک ہمیشہ موجود ہوتی ہے۔ چھتے کے ہزاروں چھ کونے سوراخوں میں دودھ سے زیادہ سفید ننھے ننھے کیڑے سر نہوڑائے اور پانو سمیٹے سوتے رہتے ہیں۔ ان سوراخوں کا منہ موم سے بند رہتا ہے۔ مزدور اور دایہ مکھیاں جو ان انڈوں کی دیکھ بھال میں لگی رہتی ہیں۔ پر پھیلانے پر ہلا ہلا کر چھتے میں گرمی پیدا کرتی رہتی ہیں۔ کچھ دنوں کے بعد ان انڈوں کی مکھیاں بن جاتی ہیں۔ یہ مکھیاں اپنی موم کی قبر سے نکلنے کی کوشش کرتی ہیں اور سوراخ کے مومی ڈھکنے کو اندر سے کاٹنا شروع کرتی ہیں۔ دایہ مکھیاں بھی ننھی مکھیوں کی مدد کرتی ہیں اور انھیں سوراخ سے باہر نکال کر اُن کا جسم صاف کرتی ہیں اور اپنی زبان کی نوک پر شہد کا قطرہ لے کر انھیں کھلاتی ہیں۔ یہ سب کچھ دیکھ دیکھ کر ننھی مکھی حیران ہوتی ہے۔ لیکن تھوڑی دیر میں ساری باتیں اس کی سمجھ میں آجاتی ہیں، اور وہ بھی چھتے کی اور مکھیوں کے ساتھ مل کر چھوٹے موٹے کام کرنے لگتی ہے۔ لیکن

ایک ہفتے تک اسے کوئی مشکل کام نہیں دیا جاتا۔ ایک ہفتے کے بعد وہ پہلی مرتبہ چھتے سے باہر آتی ہے اور تھوڑی دیر اِدھر اُدھر اُڑ کر چھتے میں واپس آجاتی ہے۔ پھر ایک ہفتے کے بعد وہ اپنی ہم عمر بہنوں کے ساتھ باغوں اور پھولوں میں شہد جمع کرنے جاتی ہے۔"

میں نے کہا: "تم تو کہتی تھیں کہ رانی کے بغیر مکھیاں زندہ ہی نہیں رہ سکتیں۔ اور اس چھتے میں تو کوئی رانی رہ نہیں گئی تھی۔ پھر وہ زندہ کیسے رہیں؟"

وہ کہنے لگی: "تم تو ایسے سوال کرتے ہو گویا میں تمھیں من گھڑت کہانیاں سنا رہی ہوں۔ رانی ہوتی کیوں نہیں ہے؟ جب چھتے میں اور مکھیاں پیدا ہونے لگتی ہیں تو شاہی محل میں پڑے ہوئے انڈے سے رانی مکھی بھی پیدا ہوتی ہے۔ اسے سب سے بڑھیا شہد کھلایا جاتا ہے۔ دوسری مکھیوں کی طرح اسے ہوا یا روشنی میں جانے کا شوق نہیں ہوتا۔ اپنی زندگی میں شاید ہی کبھی وہ کسی پھول پر بیٹھتی ہو۔ اپنے پروں سے اُڑنے کا کام بھی وہ اپنی ساری زندگی میں دو چار بار ہی لیتی ہے پیدا ہونے کے بعد اور مکھیوں کی طرح وہ نہیں گھبرائی ہوئی ہوتی ہے لیکن اپنے درباریوں اور پہرے داروں کو دیکھ کر وہ دس منٹ کے اندر ہی اندر سمجھ جاتی ہے کہ وہ چھتے کی رانی ہے۔ جونہی یہ بات اس کی سمجھ میں آتی ہے وہ اس شبہ میں پڑ جاتی ہے کہ چھتے میں کوئی دوسری رانی تو موجود نہیں۔ یہ شک پیدا ہوتے ہی وہ سیدھی شاہی محل کی جانب

بڑھتی ہے۔ وہاں موم کے سوراخوں میں ننھّی ننھّی رانیوں کو بند دیکھ کر وہ غصّے سے بپھر جاتی ہے۔ وہ ان سوراخوں کے موم کے دروازوں کو نوچ ڈالتی ہے، اور اپنا ڈنک سوراخ میں گھسا کر اپنے دشمنوں کو قتل کر ڈالتی ہے۔ اس طرح وہ ایک ایک رانی کو مارتی جاتی ہے، یہاں تک کہ تھک کے چور ہو جاتی ہے۔ رانی کے درباری اور دوست چُپ چاپ اس کے غصّے کا تماشہ دیکھتے رہتے ہیں اور مردہ رانیوں کی لاشیں گھسیٹ گھسیٹ کر چھتّے کے باہر پھینکتے رہتے ہیں۔ جب رانی تھک جاتی ہے تو یہ درباری خود ہی بڑھ کر موم کے بند محلوں میں سوئی ہوئی ننھّی رانیوں کو مارنا شروع کر دیتے ہیں۔"

"کبھی ایسا نہیں ہوتا، کہ ایک ہی وقت میں دو رانیاں پیدا ہو جائیں؟" میں نے پوچھا۔

"ہاں کیوں نہیں؟ لیکن جوں ہی دونوں رانیاں آمنے سامنے ہوتی ہیں۔ وہ ایک دوسرے پر حملہ کر دیتی ہیں اور بڑی خوفناک جنگ ہوتی ہے۔ اگر وہ لڑتے لڑتے تھک جائیں تو پُرانے زمانے کے پہلوانوں کی طرح تھوڑی دیر سستا کر وہ پھر ایک دوسرے پر وار شروع کر دیتی ہیں۔ آخر کار ان میں سے ایک رانی ماری جاتی ہے اور دوسری چھتّے کی رانی بنائی جاتی ہے۔"

"لیکن کبھی کبھی ایسا بھی ہوتا ہے کہ چھتّے کی مزدور مکھیاں، رانی کو شاہی محل کی طرف جانے نہیں دیتیں۔ پھر تو رانی بہت خفا ہوتی ہے

اور چھتے میں اِدھر اُدھر چیختی چلاتی پھرتی ہے، لیکن پہرے دار مکھیاں بھی خوب ڈٹ کر شاہی محلوں کا پہرہ دیتی ہیں۔ جب دوسری رانی موم کے محل سے نکلنا چاہتی ہے تو پہرے دار سوراخ کے منہ پر تھوڑی سی اور موم جما دیتے ہیں اور اسے باہر نہیں نکلنے دیتے۔ اس قید میں پڑی پڑی یہ رانی بھی خوب مضبوط اور تندرست ہو جاتی ہے۔ لیکن اتنے دنوں میں پہلی رانی بھی طاقتور ہو کے اس قابل ہو جاتی ہے کہ کچھ مکھیوں کو ساتھ لے کر چھتا چھوڑ دے۔ جیسے ہی وہ چھتا چھوڑتی ہے دوسری رانی کو محل سے نکالا جاتا ہے۔ یہ رانی بھی نکلتے ہی اپنے دشمنوں کی تلاش میں لگ جاتی ہے۔ پھر چوکیدار مکھیوں کو دوسری رانیوں کی حفاظت کے لیے اس وقت تک پہرہ دینا پڑتا ہے جب تک یہ رانی بھی چھتا نہ چھوڑ دے۔ اس طرح سے بعض مرتبہ تو ایک ہی چھتے سے چار پانچ رانیاں پیدا ہوتی ہیں اور اپنے اپنے گروہ لے کر چھتے سے چلی جاتی ہیں۔"

میں نے کہا "یہی ٹھیک معلوم ہوتا ہے۔ اس طرح بیچاری رانیوں کی جان بچ جاتی ہے اور آپس میں جنگ نہیں ہوتی۔"

وہ کہنے لگی: "نہیں بھئی۔ اگر ایسا ہوتا ہے تو برا ہوتا ہے۔ کیوں کہ رانیاں اکیلے تو جاتی نہیں۔ ان کے ساتھ ہزاروں مکھیاں بھی چلی جاتی ہیں۔ مکھیوں کے جانے سے چھتے میں کام کا بڑا ہرج ہوتا ہے اور چھتا تقریباً بالکل ہی تباہ ہو جاتا ہے۔ اس لیے بہتر یہی ہے کہ پہلی رانی پیدا ہوتے ہی دوسری رانیوں کو مار ڈالے۔ ہر اچھے چھتے میں یہی ہوتا ہے۔"

میں نے کہا: "اچھا تم جو کہو وہی ٹھیک ہے۔"

وہ بولی: "لیکن تمھیں ایک بات اور بتاؤں۔ چھتے کی مکھیاں نئی رانی کی اتنی محبت اور عزت نہیں کرتیں جتنی وہ اس پرانی رانی کی کرتی ہیں جو کچھ دن پہلے انڈے دے کر چھتے سے چلی گئی ہوتی ہے۔"

"یہ کیوں؟" میں نے پوچھا۔

"اس لیے کہ نئی رانی کنواری ہوتی ہے۔ اس کی شادی ہونی چاہیے، وہ بھی بیس دن کے اندر ہی۔ اگر رانی کی شادی بیس دن کے بعد ہوگی تو اس کے سارے بچے نر اور نکھٹو پیدا ہوں گے جن سے کام دھام تو کچھ ہوگا نہیں۔ مفت میں بیٹھے بیٹھے کھائیں گے۔ جب چھتے میں کام کرنے والے کم اور بیکار بیٹھ کر کھانے والے زیادہ ہوں گے تو سارا چھتا تباہ ہو جائے گا۔ آج چھتا ٹوٹ گیا۔ کل شہد ختم ہو گیا۔ چھتے میں گندگی پھیل رہی ہے۔ دربان اتنے کم ہیں کہ دشمنوں کو چھتے میں گھسنے سے روک نہیں سکتے۔ نتیجہ کیا ہوگا کہ غریبی، بیماری اور مصیبت پھیلے گی اور ایک ایک کر کے سب مکھیاں مر جائیں گی۔"

میں نے پوچھا: "تو رانی کی شادی بیس دن کے اندر ہونی چاہیے۔"

وہ بولی: "ہاں۔ زیادہ سے زیادہ بیس دن کے اندر۔"

میں نے کہا: "بیس دن تو بہت کم ہیں۔ یہ تو وہی بات ہوئی چٹ منگنی پٹ بیاہ۔"

مکھی ہنسنے لگی پھر بولی: "اچھا بھئی۔ چٹ منگنی پٹ بیاہ

کی کہانی کل سُننا۔ اس وقت تو دیر ہو رہی ہے"
میں نے کہا: "اچھی بات ہے، شب بخیر"

چھٹی کہانی

آسمانی دُلہن

دوسرے دن میں ٹھیک وقت سے پہنچا۔ کچھ دیر میں مکھی بھی آگئی اور اپنی جگہ بیٹھ کر بولی۔

"تو آج چٹ منگنی پٹ بیاہ کی کہانی سنو۔ رانی کا بیاہ بڑے عجیب طریقے سے ہوتا ہے۔ یہ تو میں تم کو بتا ہی چکی ہوں کہ چھتے میں ہزاروں نر مکھیاں ہوتی ہیں۔ یہ نر مکھیاں اسی لیے پالی جاتی ہیں کہ ان میں سے ایک کی شادی رانی سے ہو جائے۔ لیکن یہ شادی کبھی چھتے کے اندر نہیں ہوتی۔ اتنے دنوں چھتے میں رانی کے ساتھ رہتے ہوئے بھی نر مکھیوں کو کبھی یہ خیال بھی نہیں آتا کہ اُن میں سے کسی ایک کی شادی رانی کے ساتھ ہوگی۔"

"پھر باغ میں ہوتی ہوگی شادی؟" میں نے پوچھا۔

"جی نہیں۔ آپ بوجھ بھی نہیں سکتے۔ یہ شادی نیلے آسمان میں بڑی اونچائی پر ہوتی ہے۔ تم نے کسی کہانی میں شادی کا وہ طریقہ پڑھا ہوگا جسے سوئمبر کہتے ہیں۔ پرانے زمانے میں سوئمبر یوں ہوتا تھا

کہ کسی شہزادی سے شادی کرنے کے لیے بہت سے شہزادے آتے تھے۔ پھر جو شہزادہ شادی کی شرط پوری کر دیتا تھا اسی سے شہزادی بیاہ دی جاتی تھی۔ تو بھئی' ہماری رانی کی شادی بھی سوئمبر ہی ہوتی ہے"۔

میں نے کہا: "ایک بات اور بتادو۔ ان نر مکھیوں کا شادی رچانے کے علاوہ اور تو کوئی کام نہیں ہوتا؟"

"کوئی اور کام نہیں ہوتا؟" مکھی بولی "سچ پوچھو تو پانچ چھ مکھیاں محنت کر کے جتنا شہد جمع کرتی ہیں وہ ایک نکھٹو مکھی اکیلے چٹ کر جاتی ہے۔ اس طرح ہر نر مکھی کو پالنے کے لیے پانچ چھ مکھیوں کی محنت ضائع ہوتی ہے"۔

"اچھا اب تم سوئمبر کا حال سناؤ" میں نے کہا۔

وہ بولی: "اگر تم کبھی رانی کا بیاہ دیکھنا چاہو تو یہ ممکن نہیں ہے۔ کیونکہ وہ تو ہمیشہ بہت اوپر نیلے اور خوبصورت آسمان میں ہوتا ہے لیکن میں تمھیں اس کا حال سناتی ہوں۔ رانی اپنے بیاہ کے لیے خود ہی ایک دن مقرر کر لیتی ہے اس دن صبح کو جب سورج کی کرنیں شبنم کے موتی چن لے جاتی ہیں اور سورج آسمان پر چڑھنے لگتا ہے تو رانی اپنے سوئمبر کے لیے مزدور مکھیوں کے جھرمٹ سے نکلتی ہے۔ چھتے سے تھوڑی دور تک جانے کے بعد وہ واپس آجاتی ہے۔ اس طرح دو چار مرتبہ وہ چھتے کے گرد چکر لگاتی ہے۔ تم دیکھو تو سمجھو کہ وہ چھتے سے باہر جانا ہی نہیں چاہتی۔

ساتویں کہانی

نکھٹوؤں کا انجام

دوسرے دن میں نے دیکھا کہ بی مکھی کہیں سے مصری کا ایک چھوٹا سا ٹکڑا پا گئی ہیں، اور بس اُسی سے لپٹی ہوئی ہیں۔ مجھے دیکھتے ہی بولیں۔

"آؤ بھئی آؤ، مصری کھاؤ گے؟"

میں نے کہا "اتنی مصری تو میرے دانتوں ہی میں چپٹ کر رہ جائے گی۔ مجھے تو بس تم کہانی سنادو۔ مجھے تمھاری کہانیاں مصری سے زیادہ میٹھی لگتی ہے؟"

"پھر کہانی ہی سنو" اور وہ میرے نزدیک آگئی "آج تمھیں نکھٹوؤں کی کہانی سناؤں گی؟"

میں نے کہا "سناؤ۔ کوئی سی کہانی سناؤ۔ مجھے تمھاری ہر کہانی اچھی لگتی ہے؟"

وہ بولی۔ "رانی کے بیاہ کے کچھ دنوں بعد موسم بڑا عمدہ ہو جاتا ہے۔ باغوں میں پھول ہی پھول ہوتے ہیں۔ آسمان پر کہیں بادل نظر نہیں آتے۔ ہوا میں خوشگوار گرمی ہوتی ہے اور ہمارے چھتے شہد

سے لبالب بھر جاتے ہیں۔ اس وقت نر مکھیوں یا نکھٹوؤں کے بڑے ٹھاٹ ہوتے ہیں وہ اپنے بھدّے بھدّے جسم اور گندی گندی ٹانگیں لیے چھتّے میں خوب موج اڑاتے ہیں۔ سونا ہوا تو چھتّے کا سب سے آرام دہ کونا ڈھونڈ کر آرام فرماتے۔ بھوک لگی تو جہاں سب سے میٹھا شہد رکھا دیکھتے ہیں وہیں منہ مارتے ہیں۔ کچھ کھایا کچھ ادھر اُدھر گرایا۔ ان کی بلا سے شہد ضائع ہو یا گندگی پھیلے۔ کبھی کبھی یہ نکھٹو راستے ہی میں لیٹ جاتے ہیں۔ یہ پوچھیے کہ بھئی، آرام کرنے کی یہ کون سی جگہ نکالی ہے۔ راستہ بند ہو گیا، کام میں ہرج ہو رہا ہے، لیکن وہ ہیں کہ بس پڑے اینڈ رہے ہیں۔ دوپہر کے وقت یہ نکھٹو، چھتّے کے دروازے پر آتے ہیں۔ وہاں پہنچ کر کہیں پہرے دار سے لڑ پڑے، کہیں چھتّا صاف کرنے والی مکھیوں کو دھکا دے دیا۔ کہیں شہد لانے والی مکھیوں سے ٹکرا گئے۔ کہیں مزدور مکھیوں سے اُلجھ گئے۔ غرض خوب دھما چوکڑی مچانے کے بعد وہ کسی نزدیک کے باغ کا راستہ لیتے ہیں۔ اور کسی پھول کی گود میں سہ پہر تک ٹھاٹ سے سوتے ہیں۔ پھر بڑی شان سے چھتّے میں واپس آتے ہیں اور شہد کے خزانوں میں منہ ڈال کر اس قدر شہد کھاتے ہیں کہ پیٹ نقارے کی طرح پھول جاتا ہے۔ خوب ڈٹ کر شہد کھا لینے کے بعد کسی گرم اور آرام دہ کمرے میں جا کر پڑے رہتے ہیں؟

"اور تم انھیں یہ سب کرنے دیتی ہو؟" میں نے پوچھا۔

وہ کہنے لگی: "مکھیاں یہ سب شرارت چپ چاپ دیکھتی رہتی ہیں اور نکھٹوؤں کو ٹوکنے والا کوئی نہیں ہوتا۔ لیکن ایسے لوگ جو دوسروں کی محنت کا پھل کھا کر جیتے ہیں اور جنھیں خود کبھی ہاتھ پانو ہلانے کی توفیق نہیں ہوتی، زیادہ دنوں تک موج نہیں اڑا سکتے۔ محنت کرنے والے کے دل میں جس دن یہ خیال پیدا ہو جائے کہ محنت تو وہ کرتا ہے، مصیبت وہ اٹھاتا ہے اور مزے اڑاتے ہیں دوسرے لوگ — تو پھر وہ بدلہ لینے پر تل جاتا ہے۔ بس یہ سمجھو کہ نکھٹوؤں کا انجام بڑا برا ہوتا ہے۔"

"تو نکھٹوؤں سے تم بدلا لے لیتی ہو؟" میں نے پوچھا۔

"کیوں نہ لیں؟" وہ کہنے لگی: "آخر صبر کی بھی تو ایک حد ہوتی ہے جب تمام مکھیاں ان نکھٹوؤں کی شرارتوں سے عاجز آ جاتی ہیں تو ایک دن سورج نکلتے ہی چھتے میں بیداری کی لہر دوڑ جاتی ہے۔ مکھیوں سے نکھٹوؤں کا ظلم برداشت نہیں ہوتا، اور بھولی بھالی مزدور مکھیاں بدلہ لینے پر آمادہ ہو جاتی ہیں۔ سیکڑوں مزدور مکھیاں اپنے اپنے کام چھوڑ کر انتقام لینے کی ٹھان لیتی ہیں۔ سوئے ہوئے پیٹو نکھٹو جھنجوڑ جھنجوڑ کر جگائے جاتے ہیں۔ نکھٹو حیران ہو کر اٹھتے ہیں۔ ان کی عقل کام نہیں کرتی کہ ہو کیا رہا ہے۔ وہ ہکا بکا ہو کر مکھیوں کا منہ تکنے لگتے ہیں۔ پھر یہ سوچ کر شاید انھیں غلطی سے جگا دیا گیا ہے، وہ شہد کے گودام کی طرف بڑھتے ہیں۔ لیکن عیش کے دن لد چکے ہوتے ہیں، اور ان کے لیے شہد کے بجائے

مزدور مکھیوں کی ڈنکوں پر چمکتے ہوئے زہر کے قطرے ہوتے ہیں۔ ایک ایک نکھٹو کو چار پانچ مکھیاں لپٹ جاتی ہیں اور ڈنک مار مار کر اس کا کچومر نکال دیتی ہیں۔ نکھٹو کی ٹانگیں اور پر ٹوٹ جاتے ہیں لیکن وہ صرف وار روکتے ہیں اور خود حملہ نہیں کرتے۔ تھوڑی دیر میں ان کی بڑی بُری گت بن جاتی ہے۔"

"تمھیں ان بیچاروں پر رحم نہیں آتا؟" میں نے ترس کھا کر پوچھا۔

"رحم کھانے سے کچھ فائدہ بھی تو ہو؟" وہ بولی۔" اگر انھیں زندہ چھوڑ دیا جائے تو یہ نکھٹو چند دنوں میں سارا چھتا تباہ کر ڈالیں۔ اس لیے ان کو مار ڈالنا ہی ٹھیک ہے۔ ٹھیک ہی نہیں بلکہ ضروری ہے۔ اور پھر انصاف تو انصاف ہے۔ اگر انصاف بھی شریر اور مجرم لوگوں پر رحم کھانے لگے تو وہ انصاف کہاں رہا۔ جو جیسا کریں گے ویسا بھگتیں گے۔ مفت خور اور دوسروں کی محنت کا پھل کھانے والوں کا ہمیشہ یہی انجام ہوتا ہے۔ جو بوؤ گے وہ کاٹو گے۔"

"اچھا۔ آگے سناؤ۔" میں نے کہا۔

"وہ بولی" بہت سے نکھٹو مارے جاتے ہیں اور ان کی لاشیں گھسیٹ گھسیٹ کے چھتے کے باہر پھینک دی جاتی ہیں۔ بہت سے ایسے ہوتے ہیں جو زخمی ہو کر چھتے کے کونے میں پڑے رہتے ہیں۔ ان پر مکھیوں کا پہرہ بٹھا دیا جاتا ہے اور وہ اسی کونے میں بھوک سے سسک سسک

کر مر جاتے ہیں۔ لیکن بہت سے نکھٹو ایسے بھی ہوتے ہیں جو بچ کر بھاگ نکلتے ہیں۔ لیکن جائیں تو کہاں جائیں؟ شام ہوتے ہی ان کا جھنڈ پھر چھتے کے باہر جمع ہو جاتا ہے۔ لیکن پہرے دار مکھیاں انھیں اندر نہیں گھسنے دیتیں۔ اور وہ رات کی سردی میں زخم کی تکلیف سے بلبلاتے ہوئے جان دے دیتے ہیں۔ صبح کو ان کی لاشیں ہٹا کر دور پھینک دی جاتی ہیں۔ اور اس طرح تمام نکھٹوؤں کا خاتمہ ہو جاتا ہے۔"

"اب سنو۔ موسم پھر بدلنا شروع ہوتا ہے۔ سردیوں کی تیاری شروع ہو جاتی ہے۔ باغوں میں پھول کم ہونے لگتے ہیں۔ چھتے میں شہد کے خزانوں پر موم کی مہریں لگا دی جاتی ہیں۔ چھتا بنانے کا کام ختم ہو جاتا ہے۔ مکھیوں کی پیدائش کم ہو جاتی ہے۔ مرنے والوں کی تعداد بڑھ جاتی ہے۔ راتیں بڑی اور دن چھوٹے ہونے لگتے ہیں۔ ان مکھیوں میں سے جو صبح کو شہد جمع کرنے کے لیے نکلتی ہیں، سیکڑوں سردی میں مر جاتی ہیں۔ سورج کی گرمی اور روشنی کے لیے مکھیاں ترس جاتی ہیں۔ سردی کی مصیبت بڑی پریشان کن ہوتی ہے۔ تمام مکھیاں سکڑ سکڑ کر، چھتے کے بیچ میں جمع ہو جاتی ہیں۔ اور شہد سے بھرے ہوئے سوراخوں کے پاس سمٹ جاتی ہیں۔ گرمیوں کا جمع کیا ہوا شہد سردیوں کے مشکل زمانے میں کام آتا ہے۔ رانی اپنے تمام درباریوں اور نوکروں کے ساتھ تمام مکھیوں کے بالکل بیچ میں ہوتی ہے۔ مکھیوں کی ایک قطار تو شہد کے سوراخوں سے لپٹ جاتی ہے۔ اس کے اوپر دوسری

قطار، پھر تیسری، پھر چوتھی ۔ غرض یہ کہ مکھیاں بہت سی قطاریں بنا لیتی ہیں۔ جب باہر کی قطار والی مکھیوں کو سردی زیادہ لگتی ہے تو وہ اندر آجاتی ہیں اور اندر کی مکھیاں باہر چلی جاتی ہیں۔ اس طرح وہ باری باری گرمی حاصل کرتی رہتی ہیں۔ سخت سے سخت سردی میں بھی چھتّا اندر سے اس قدر گرم رہتا ہے جیسے مئی جون کے مہینوں میں سورج کی دھوپ۔ اس طور پر مکھیاں سردی کے دن گزارتی ہیں اور گرمیوں کا انتظار کرتی ہیں۔ گرمی کا موسم آئے گا تو باغوں میں پھر پھول ہی پھول نظر آئیں گے چھتّے میں سورج کی گرم گرم کرنوں سے زندگی کی لہر دوڑ جائے گی۔ اور سارا کام پھر جوش اور محنت سے شروع ہو جائے گا۔ اچھا بھئی! میں تو چلی آندھی آنے والی ہے۔ کل تمھیں کچھ کام کی باتیں بتاؤں گی " مکھی تو چلی گئی لیکن تھوڑی دیر کے بعد سچ مچ بڑی زور کی آندھی آئی۔ مجھے تعجب ہوا کہ شہد کی مکھی کو آندھی آنے کا علم کیوں کر پہلے ہی سے ہو گیا۔

آٹھویں کہانی

شہد کھاؤ شہد

دوسرے دن میں باغ میں پہنچا تو بی مکھی کہنے لگیں۔ "شہد کی مکھیاں پالو گے؟"

مجھے ہنسی آگئی۔ میں نے کہا۔ "شہد کی مکھیاں بھی کوئی مرغیاں یا بکریاں ہیں جو پالی جائیں۔ اور پھر بھی مجھے تو ڈر لگتا ہے۔"

وہ بولی۔ "بالکل ہی بودے ہو تم — ارے میاں ڈرنے کی کیا بات ہے۔ تمہاری دادی اماں نے مرغیاں پالی ہیں انڈے کھانے کے لیے۔ نانی اماں نے بکریاں پالی ہیں۔ دودھ حاصل کرنے کے لیے۔ تم میٹھا میٹھا شہد کھانے کے لیے مکھیاں پال لو۔ ترکیب میں بتائے دیتی ہوں۔"

"بتاؤ" میں نے یوں بہادر بنتے ہوئے کہا گویا میں شیر پالنے سے بھی نہیں ڈرتا۔

وہ بولی۔ "شہد کی بڑی بڑی دکانوں پر مکھیاں پالنے کے لیے لکڑی اور تار کی جالیوں کے دو منزلہ گھروندے بکتے ہیں۔ اس کی اوپر

منزل میں سات فریم (چوکھٹے) مکھیوں کا شہد جمع کرنے کے لیے ہوتے ہیں، اور نچلی منزل میں اتنے ہی فریم ان کے رہنے سہنے کے لیے ہوتے ہیں۔ ایک گھروندا خرید لاؤ۔ اس گھروندے میں جمانے کے لیے تمھیں مکھیوں کا ایک چھتّا تلاش کرنا ہوگا۔ تو تم یہ کرو کہ اپنے بچاؤ کے لیے ہاتھوں پر دستانے اور پاؤں پر موزے چڑھا لو۔ چہرے اور گردن پر بھی کوئی جالی دار کپڑا ڈال لو۔ اب اپنا خریدا ہوا گھروندا، تھوڑی سی راکھ، ایک تیز چاقو، اور ..... باریک جالیوں کی ایک تھیلی لے کر چھتّے کے پاس جاؤ۔ مکھیوں پر تھوڑی راکھ ڈالو گے تو وہ آپ ہی آپ ہٹ جائیں گی۔ اب اپنے تیز چاقو سے چھتّے کے ٹکڑے کاٹ کاٹ کر اپنے فریموں میں جماتے جاؤ اور انھیں دھاگے سے باندھتے جاؤ۔ لیکن اس کا خیال رکھو کہ مکھیوں کا سارا چھتّا تمھارے چھتّے کے چودہ فریموں میں سما جائے۔ اب ذرا ہوشیاری سے مکھیوں کو ہنکاؤ اور ان سب کو اپنی جالی دار تھیلی میں بند کر لو۔ لیکن رانی کو نہ بھولنا۔ رانی کو ڈھونڈھنا آسان ہے چھتّے میں جہاں زیادہ مکھیاں ہوں گی وہیں رانی ہوگی۔ اب جالی کا منہ کھول کر اپنے گھروندے کے دروازے سے باندھ دو اور اسے آہستہ آہستہ ہلاتے رہو یہاں تک کہ رانی اور ساری مکھیاں تھیلی سے نکل کر اپنے نئے مکان میں آ جائیں۔ بس بھئی مشکل کام تو ختم ہو گیا۔

اب تم اپنے گھروندے کا دروازہ بند کر دو اور اسے کسی تپائی یا میز پر رکھ دو۔ تپائی کے پایے پانی بھری پیالیوں میں ہونے چاہییں تاکہ

چیونٹیاں یا کیڑے چھتے میں نہ گھس سکیں۔ ایک اور بات کا بھی خیال رکھنا۔ اس گھروندے کو تین چار دن تک پرانے چھتے کے پاس ہی رہنے دینا، تاکہ مکھیوں کو نئی جگہ سے پریشانی نہ ہو۔ اس گھروندے کا دروازہ دن بھر تو بند رکھو لیکن رات کو کھول دیا کرو۔ صبح کو مکھیوں کے کھانے کے لیے شہد ڈال دیا کرو۔ ان سب کاموں میں بڑی ہوشیاری کی ضرورت ہے، اس لیے کہ تمھاری ذرا سی چوک سے سب گڑبڑ ہو سکتا ہے۔"

میں نے کہا: "تم تو کہہ رہی تھیں کہ شہد کھانا ہو تو مکھیاں پالو اور اب الٹا مجھ ہی سے کہتی ہو کہ صبح کو مکھیوں کو شہد کھلایا کرو!"

وہ بگڑ گئی اور بولی: "اب تم اتنی جلدی شہد چاہتے ہو تو پھر کسی بنیے کے یہاں سے خرید کر چاٹ لو۔ مکھیاں تو اتنی جلدی شہد دینے سے رہیں اور پھر جب تم ان کا بھرا پرا چھتا کاٹ کر فریم کر دوگے تو اس سے جو شہد ٹپکے گا ان کے لیے وہی بہت ہوگا۔ تین چار دن کے بعد وہ اپنے کھانے کا خود انتظام کر لیں گی۔"

میں نے کہا: "تو تم نے مجھ سے یہ کب کہا تھا؟"

وہ بولی: "خیر۔ تین چار دن کے بعد اس گھروندے کو گھر لاکر کسی اچھی جگہ پر رکھ دینا۔ لیکن اگر لانے میں چھتے کو دھچکے یا ہچکولے لگیں گے تو کچھ مکھیاں مر سکتی ہیں اور باقی موقع پاتے ہی اڑ جائیں گی۔ اگر تم کبھی گھروندے کا معائنہ کرنا چاہو تو اس کے پیچھے جا کر اسے دیکھنا۔ تمھارا

یہ نیا چھتّا کچھ دنوں میں شہد سے بھر جائے گا۔ شہد نکالنے کے لیے ایک آلہ آتا ہے تم اپنے چھتّے کے فریم کو ایک ایک کرکے اس آلہ میں رکھو اور شہد نکال لو اور فریم کو پھر اس کی جگہ واپس رکھ دو۔ مکھیاں دوبارہ شہد بنا دیں گی اور تم کو اس چھتّے سے برابر شہد ملتا رہے گا۔ اب خوب مزے لے لے کر شہد کھاؤ۔ اور ہاں شہد کھا کر ذرا مجھے دعا دینا کہ میں نے تمھیں کیسی عمدہ ترکیب بتا دی۔

اچھا میری کہانی تو ہو گئی ختم۔ کہانی پر پتھر، سننے والے کے سر پہ سونے کا چھتّر! اب میں رخصت ہوتی ہوں۔ یہ میری اور تمھاری آخری ملاقات تھی۔ ہمارا تمھارا خدا بادشاہ!

یہ کہہ کر وہ اڑ گئی۔ میں وہاں تھوڑی دیر چُپ چاپ بیٹھا رہا اور جب میں وہاں سے اٹھا تو میری آنکھیں بھیگی ہوئی تھیں۔ — بے چاری پیاری سی مکھی۔ ہائے، میری اُس کی اب کبھی ملاقات نہیں ہوگی!

آپ ہی کہیے!

دو تین دن تک میں روزانہ شام کو باغ میں جاتا رہا۔ لیکن مجھے وہ مکھی پھر کبھی نظر نہیں آئی۔ میرا بہت بہت جی چاہتا تھا کہ اس سے ملوں ہر وقت بس اسی کے بارے میں سوچا رہتا تھا۔ ایک دن میں نے ڈرتے ڈرتے سائنس ماسٹر صاحب سے کہا

"ماسٹر صاحب، میں شہد کی مکھی ـــــ" اتنا کہہ کر میں رُک گیا۔

وہ تعجب سے مجھے دیکھنے لگے اور بولے "کیا کہا تم نے؟ تم شہد کی مکھی!"

میں نے کہا: "جی ہاں میں شہد کی مکھی کے متعلق کچھ پڑھنا چاہتا ہوں۔ آپ مجھے کچھ کتابوں کے نام بتا دیں گے؟"

انھوں نے کہا: "کیوں نہیں۔ کیوں نہیں۔ اِس وقت تو مجھے ایک ضروری کام ہے۔ کل میں تمھیں کچھ کتابوں کے نام بتا دوں گا۔ دوسرے دن انھوں نے مجھے ایک فہرست دی جن میں ان کتابوں کے نام تھے۔

(۱) شہد کی مکھی اور ان کا پالنا ـــــ (کوشل کشور)

(۲) شہد کی مکھی ـــــ (نواب منظور جنگ بہادر)

(۳) Observations on Bee ـــــ (DADANT)

(۴) The Hive and Honey bee ـــــ (DADANT)

(۵) The Bee ——— (JACK SERIES).
(۶) The Life of the Bee —(MAETERLINCK)
(۷) Bees and Bee Keeping —(CHESHIRE)
(۸) Bee Keeping —(C.C. GHOSH)

ماسٹر صاحب کہنے لگے "یہ سب کتابیں تو شاید تمھاری سمجھ میں نہ آئیں اگر تمھارا جی چاہے تو پڑھنے کی کوشش کرنا۔"

میں نے ان میں سے کئی کتابیں پڑھیں لیکن کہیں تو سمجھ میں نہیں آئیں اور کہیں جی ہی نہیں لگا۔ میرے دل میں ہر وقت ایک کھٹک سی رہنے لگی جی چاہتا کسی سے ساری باتیں بتادوں تاکہ دل کا بوجھ کچھ ہلکا ہو جائے۔

ایک دن شام کو سمو بھائی صحن میں بیٹھے ہوئے تھے۔ باقی لوگ اپنے اپنے کاموں میں مصروف تھے۔ میں اُن کے پاس پہنچا اور دھیرے سے کہا "سمو بھائی!"

وہ چونک پڑے۔ "کہو۔ کیا بات ہے؟"

میں نے کہا "دس بارہ دن ہوئے ایک شہد کی مکھی روزانہ شام کو مجھے باغ میں بلا کر اپنی کہانی سناتی تھی ——"

وہ قہقہہ مار کر کہنے لگے "افیم تو نہیں کھا گئے ہیں آپ، جی صاحب؟"

شانی باجی نے پوچھا "کیا ہوا؟"

سمو بھائی کہنے لگے "یہ حضرت کہتے ہیں کہ ایک شہد کی مکھی نے انھیں کئی روز بلا کر اپنی کہانی سنائی۔ ہی ہی ہی"

میں جل ہی تو گیا "ہی ہی، ہی ہی کیا کرتے ہیں؟ آپ سمجھتے ہیں میں جھوٹ بول رہا ہوں!"

انھوں نے پھر ایک لمبا قہقہہ لگایا اور بولے "نہیں نہیں جھوٹ کیوں سمجھوں گا؟ لیکن ایسا معلوم ہوتا ہے کہ اس دن جو شہد کی مکھیوں نے تمھیں کاٹا تو اُن کے زہر کا کچھ اثر تمھارے دماغ تک پہنچ گیا ہے۔ میاں اپنے سر پر ٹھنڈی ٹھنڈی برف رکھو۔ خدا نے چاہا تو بالکل آرام ہو جائے گا۔"

سب لوگ میری طرف دیکھ کر ہنسنے لگے اور میں شرمندہ اور کھسیانا ہو کر وہاں سے چپکے سے اُٹھ گیا۔ آپ ہی کہیے بھلا ایسی باتوں کا کوئی کیا جواب دے۔
